# Leben mit Tieren

Nadine Tramowsky, Jorge Groß und Jürgen Paul

## 1 Aufgabe Tierethik

Das Menschenbild bestimmt das Tierbild. .......... 4
Menschen denken in Hierarchien. .......... 6
Menschen und Tiere haben jeweils ihren eigenen Wert. .......... 8
Der Mensch ist eine Tierart in der Familie der Menschenaffen. .......... 10
Der Mensch hat spezifische Eigenschaften. .......... 12
Tiere sind keine Automaten, sondern lebendige Individuen. .......... 14
Tierethik behandelt die menschliche Verantwortung für Tiere. .......... 16
Tierethik behandelt die Frage nach den Rechten von Tieren. .......... 18
Theologie bedenkt den richtigen Umgang mit der Schöpfung. .......... 20

## 2 Herausforderung Tierhaltung

Menschen können sich in Tiere einfühlen. .......... 24
Zoos streben artgerechte Tierhaltung an. .......... 26
Artgerechte Tierhaltung berücksichtigt artspezifisches Verhalten. .......... 28
Tiere können fühlen und denken. .......... 30
Artenschutz bedeutet Engagement für Tiere und ihre Lebensräume. .......... 32
Der Mensch ist auch für Wildtiere verantwortlich. .......... 34
Ein Dilemma: Nicht alle Tierarten können geschützt werden. .......... 36

## 3 Herausforderung Fleischkonsum

Unser Fleischkonsum hat weitreichende Folgen. .......... 40
Massentierhaltung ist ungesund. .......... 42
Unsere Gesundheit wird durch großen Fleischkonsum gefährdet. .......... 44
Fleischkonsum ist Teil ökologischer Beziehungen. .......... 46
Hoher Fleischkonsum hat schwerwiegende Folgen für die Umwelt. .......... 48
Der gegenwärtige Fleischkonsum verstärkt das Welternährungsproblem. .......... 50
Unser Fleischkonsum muss nachhaltig werden. .......... 52

Alles klar? .......... 54
Glossar .......... 55
Wie du mit diesem Buch arbeiten kannst. .......... 57

Bildnachweise .......... 56

# Aufgabe Tierethik

1

Dürfen wir Tiere töten?

Sollten Menschen über Tiere „herrschen"?

Dürfen wir Tieren Leid und Schmerz zufügen?

Sind Menschen mehr wert als Tiere?

Haben Tiere Rechte?

Dürfen wir Tiere zur Befriedigung unserer Bedürfnisse nutzen?

# Das Menschenbild bestimmt das Tierbild.

1: Meinungen

Menschen wie Alex (Abb. 1) meinen, dass die Tiere für uns da sind. Sie schreiben dem Menschen mit seinen Bedürfnissen einen besonders hohen Wert zu. In dieser Rangordnung (Hierarchie) steht der Mensch über den Tieren.

## Warum denken Menschen in Hierarchien?

Menschen bilden diese Hierarchie aber nicht nur zwischen dem Menschen und den Tieren, sondern auch innerhalb von Arten. So finden es manche Menschen immer noch fair, dass Männer über Frauen bestimmen dürfen. Andere finden es in Ordnung, dass ein Zwerg-Schwein als „höherwertigeres" Heimtier und ein zum Schlachten bestimmtes Schwein als „minderwertigeres" Nutztier eingestuft wird (→ S. 6).

Stefan argumentiert hingegen mit dem Gleichheitsprinzip: Innerhalb dieser nicht-hierarchischen (egalitären) Vorstellungen werden alle Lebewesen – unabhängig von Art, Merkmalen oder zugeschriebenen Funktionen – als gleichwertig angesehen (Abb. 2, unten).

Warum denken wir in Hierarchien? Jeder von uns hat in verschiedenen Lebenssituationen eigene Erfahrungen gesammelt. In deiner Familie, Schule oder Clique hast du vermutlich schon erlebt, was es bedeutet, machtlos und schwach zu sein oder vielleicht auch unterdrückt (oder gar „gemobbt") zu werden. Sicherlich hast du auch schon erfahren, wie es sich anfühlt, gleichberechtigt oder sogar mächtig, stark und autoritär zu sein. Solche Erfahrungen bilden einen Grundstein für Moralvorstellungen. Da du in deinem Leben allerdings unterschiedliche Erfahrungen sammeln konntest, ist es dir möglich, sowohl aus einer hierarchischen als auch aus einer gleichberechtigten Perspektive zu denken, zu urteilen und zu handeln (→ S. 6 und 8).

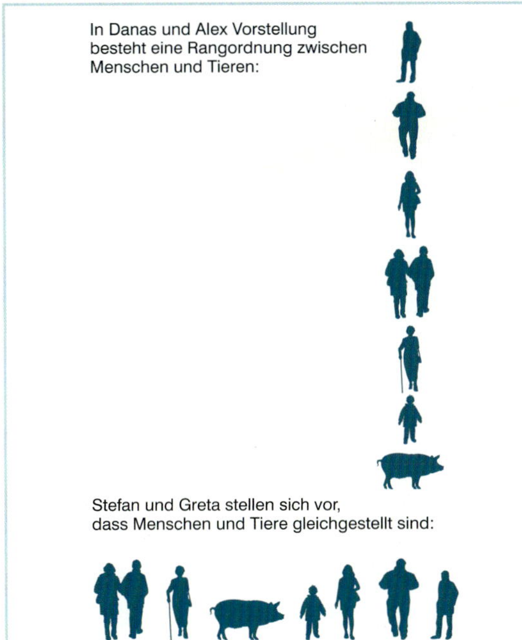


2: Zwei mögliche Beziehungen zwischen Menschen und Tieren. Welcher stimmst du zu? Gibt es weitere Möglichkeiten?

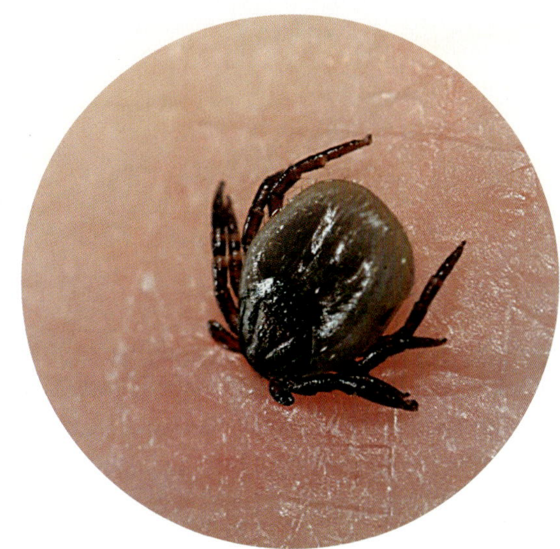

3: Zecken ernähren sich von Blut. Durch einen Zeckenstich kann jedoch auch *Borreliose* oder *FSME* übertragen werden. Haben sie deshalb weniger moralischen Wert als andere Lebewesen? Dürfen wir sie töten?

ANSICHTEN UND EINSICHTEN

**Beziehungen der Menschen zu anderen Tieren**

Menschen kategorisieren Tiere häufig in Heim-, Nutz- und Wildtiere: Hunde und Katzen verbinden wir mit der Vorstellung vom „Heimtier“. Schweine und Hühner sind für uns „Nutztiere“. Rothirsche und Feldhasen gelten als „Wildtiere“. Alle diese Tiere bekommen von uns unterschiedliche Aufgaben zugeteilt, woraus sich oftmals ihr Wert ableitet. Heimtiere sind zum Liebhaben da und dienen als Gefährten. Nutztiere dienen zum Essen, zur Hilfe (als Arbeits-, Zug- und Lastentiere sowie als Jagd- und Blindenhunde) und als Materiallieferanten (Haut, Knochen, Wolle, Honig). Wildtiere werden zur Erhaltung der Natur oder zur Jagd genutzt. Da Tiere, wie etwa Blattkäfer und Zecken, keinen sichtbaren Nutzen für uns haben, werden sie oft als wertlose „Schädlinge“ angesehen (Abb. 3).

Diese lebensweltliche Einteilung von Tieren ist problematisch, denn sie geschieht nur danach, ob menschliche Bedürfnisse erfüllt werden. In der Tierethik kommt es hingegen darauf an, über den Eigenwert der Lebewesen nachzudenken, der unabhängig von unseren Bedürfnissen ist, aber häufig unseren eigenen Interessen entgegensteht. Daraus entstehen ethische Konflikte, die nicht so leicht zu entscheiden sind, wie zum Beispiel bei der Zecke (Abb. 3).

## Welche Beziehung haben Menschen und Tiere?

Menschen nutzen Tiere gezielt seit mehr als 10.000 Jahren für ganz unterschiedliche Zwecke. Anders als „herrenlose Wildtiere“ leben die Nutztiere als Gefährten und Helfer mit den Menschen zusammen. Diese Tiere werden u. a. zu wirtschaftlichen Zwecken gehalten: Viele Menschen essen Tiere oder ihre Produkte, wie beispielsweise ihre Eier und trinken ihre Milch. Außerdem können wir uns mit ihrem Fell oder ihren Federn wärmen und schmücken. Andere Tiere werden zu Unterhaltungszwecken gehalten. Menschen nutzen Tiere, um medizinische und biologische Erkenntnisse zu gewinnen. Fleischabfälle und Stallmist können in Biogasanlagen verwendet werden, um Energie zu nutzen. Daneben werden manche Tiere auch in religiösen Riten verehrt und manchmal auch geopfert.

Schon lange beschäftigen sich Menschen mit der Frage nach dem Wert von Tieren, die für sie gefährlich sind oder die sie jagen. In der heutigen Tierethik wird beispielsweise gefragt: Sind Tiere vergleichbar mit Sachen oder Maschinen, die wir beliebig benutzen dürfen, um unsere Bedürfnisse zu befriedigen (→ S. 14)? Oder sehen wir Tiere als Individuen mit Gefühlen, Empfindungen und eigenem Willen (→ S. 15)? Je nachdem, wie wir die Beziehung des Menschen zu Tieren verstehen, unterscheiden sich unsere Moralvorstellungen zum Umgang mit ihnen ganz erheblich!

# Menschen denken in Hierarchien.

Es liegt in der Natur des Menschen, seine Lebenswelt zu ordnen. Wir sortieren Dinge, machen uns Gedanken über die Welt und unsere Stellung in der Natur. Bestehende Ordnungen nehmen wir meist selbstverständlich hin. Über Möglichkeiten, Ordnungen zu ändern, wundern wir uns mitunter. Menschen dachten lange Zeit, dass die Erde eine Scheibe ist. Oder auch, dass Frauen und Sklaven*innen weniger oder keine Rechte haben. Bis heute denken noch viele Menschen, dass sie höherwertige Lebewesen sind, die über Tieren oder Pflanzen stehen. Auch in der Wissenschaft unterscheidet man zwischen einer Ethik mit und ohne Hierarchien (Rangordnungen). Mit Hierarchien heben wir ein Lebewesen gedanklich über ein anderes. Dadurch werden nicht nur Tiere erniedrigt, sondern auch Menschen anderen Geschlechts, anderer Nationalität, Religion oder Sexualität (Abb. 1).

## Art-Hierarchien

Wie auch Alex (→ S. 4) bilden viele Menschen eine Hierarchie durch Artzugehörigkeiten (z. B. in der Reihenfolge: Mensch, Hausschwein, Ratte). Einige Lebewesen haben demnach aufgrund ihrer biologischen Art Vorrang vor anderen. Menschen sind vermeintlich vorrangig: Sie stehen über den angeblich niederen Tieren. Viele halten es deshalb für selbstverständlich, Tiere zu essen oder an ihnen Versuche durchzuführen. Zum Beispiel können mithilfe von Tierversuchen nicht heilbare Krankheiten erforscht oder die Schädlichkeit von Autoabgasen getestet werden. Tiere, wie der Makak in Abbildung 2, gehören nicht zur Art „Mensch" und gelten daher als weniger wertvolle Geschöpfe als Menschen. In der Ethik wird das als Arten-Hierarchismus bezeichnet.

2: Mittels des „Primatenstuhls" ist der Makak fixiert. In der Hirnforschung werden an Affen Versuche durchgeführt. Sind solche Versuche deiner Meinung nach zu vertreten?

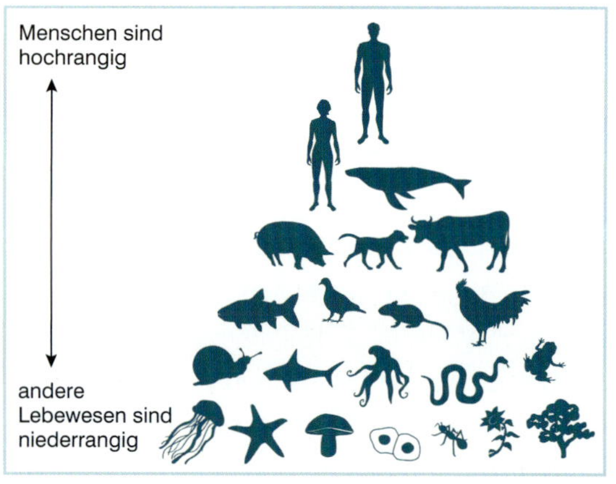


1: Menschen meinen oft, dass sie eine Sonderstellung haben und alle anderen Lebewesen ihnen untergeordnet sind.

Diese Vorstellung ist problematisch. Makaken sind charakterstarke Individuen. Sie haben ein komplexes Familienleben, kommunizieren miteinander und empfinden Freude und Angst. Arten entwickeln sich im Laufe von Jahrmillionen durch Evolution. Weil wir besonders mit Affen eine lange gemeinsame Evolution haben, können wir nicht annehmen, dass sie ganz anders denken und fühlen als

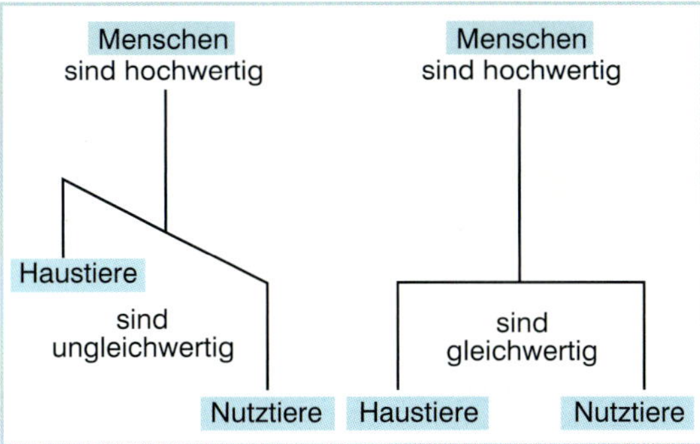


3: Menschen denken mitunter, dass ausgewählte Tiere (z. B. Hauskatze) aufgrund ihres Nutzens für den Menschen anderen Tieren (z. B. Mäusen) übergeordnet sind.

wir. Tierversuche mit Affen sind daher besonders ethisch umstritten. Ein Grund hierfür ist die Ähnlichkeit der Affen zum Menschen. Wenn die Ähnlichkeit zum Menschen ein ethisches Argument ist, sind nicht alle Lebewesen gleichwertig, sondern es gibt eine Hierarchie mit dem Menschen als Maßstab.

## Merkmals-Hierarchien

Andere Menschen ordnen Lebewesen mittels verschiedener Merkmale (beispielsweise Intelligenz, Gefühle, Geschlecht). Einige Lebewesen haben dann aufgrund bestimmter Eigenschaften Vorrang vor anderen. Das wird als Merkmals-Hierarchismus bezeichnet.

Auch diese Vorstellung ist heikel. Einige Tiere zeigen Fähigkeiten, die bisher nur dem Menschen zugeschrieben wurden. Auch wenn die Unterschiede im Denken (Kognition) zwischen Menschen und Tieren groß sind, unterscheiden wir uns nicht grundsätzlich von ihnen. Wir stammen von gemeinsamen Vorfahren ab und unsere Fähigkeiten haben sich nur langsam in verschiedene Richtungen entwickelt (→ S. 10).

Würden wir den Merkmals-Hierarchismus zwischen Menschen anwenden, wäre das in größtem Maße bedenklich: Wir würden Menschen mit geringeren Fähigkeiten abwerten. Geistig Behinderte, Kleinkinder oder alte Menschen würden durch diese Denkweise „herabgestuft". Das ist unmenschlich und entspricht nicht unseren freiheitlich-demokratischen Grundsätzen und den allgemeinen Menschenrechten.

ANSICHTEN UND EINSICHTEN

### Menschen denken in Bildern und Metaphern

Die Beziehung zwischen Menschen und Tieren ist wissenschaftlich etwas Abstraktes. Wir erkennen, dass es ein Machtgefälle zwischen Tieren und Menschen gibt und treffen Aussagen wie „Tiere stehen unter den Menschen", um dieses Phänomen zu veranschaulichen. Das ist gerechtfertigt. Jedoch sollte uns bewusst sein, dass Menschen nicht wirklich „über" Tieren stehen. Bei solchen Alltagsvorstellungen handelt sich um Bilder und Metaphern. Sie sind für unsere Moral mitverantwortlich. Für den Begründer der wissenschaftlichen Evolutionstheorie Charles Darwin (1809–1882) steht keine Art „höher" als eine andere. Biologisch gesehen sind alle lebenden Organismen gleichwertig, weil sie alle gleichermaßen bis heute die Evolution durchlaufen haben.

Durch hierarchische Metaphern verstehen wir immer nur eine Seite der Mensch-Tier-Beziehung. Wir sollten die hierarchische Sicht nicht einfach hinnehmen und unsere Gedanken, Aussagen und Handlungen deshalb ständig hinterfragen. Ein unreflektierter oder missbräuchlicher Einsatz kann auch Diskriminierungen zwischen Menschen verstärken (z. B. Sklaverei, Rassismus, Judenverfolgung, Sexismus).

Ein alternatives Bild menschlicher Beziehungen zu Tieren ist ihr Eigenwert und noch radikaler die Gleichwertigkeit (→ S. 8).

## Funktions-Hierarchien

Menschen wie Dana (→ S. 4) ordnen Tiere, indem sie ihnen Aufgaben zuschreiben (beispielsweise Forschung, Nahrungslieferant). Einige Tiere sind für manche Menschen mehr wert als andere (Abb. 3). Das wird Funktions-Hierarchismus genannt.

Auch diese Ansicht ist problematisch, denn eine Einteilung von Tieren nach ihrem Nutzwert ist einseitig und kann willkürliche Behandlungen fördern.

AUFGABEN

1. Erläutere die drei Arten des Hierarchismus.
2. Zeichne ein Bild wie in Abbildung 1, in dem du darstellst, welche Stellung Menschen, Tiere, Pflanzen, Pilze und Bakterien für dich haben. Begründe!

https://www.fr-v.de/1843010-k1-s7/

# Menschen und Tiere haben jeweils ihren eigenen Wert.

Aus tierethischer Perspektive ist es fragwürdig, den Menschen von der übrigen Natur abzuheben und ihm eine Sonderstellung zuzuschreiben. Stefan (→ S. 4) zum Beispiel hinterfragt die moralische Rangordnung zwischen Menschen und anderen Lebewesen. Anstelle von hierarchischen Bildern und Metaphern argumentieren Personen wie Stefan mit dem Gleichheitsprinzip. Innerhalb von nicht hierarchischen (egalitären) Vorstellungen werden alle Lebewesen – unabhängig von Art, Merkmalen oder zugeschriebenen Funktionen – als wertvoll angesehen (Abb. 2).

## Gleichwertigkeit von Menschen und Tieren

Die ungleiche Behandlung von Menschen und Tieren wird in Deutschland thematisiert und reflektiert. Wahrscheinlich hast du dir auch schon Gedanken dazu gemacht. Einige Menschen verstehen sich als die „höchste“ und „wertvollste“ Spezies (Art). Damit begründen sie den willkürlichen Umgang mit anderen „niederen“ und „minderwertigen“ Lebewesen. Das wird *Speziesismus* genannt. Manche Menschen behandeln aber auch Lebewesen einer Art ungleich. Tierliche Individuen (z. B. Minischweine) werden beispielsweise anderes behandelt als ihre Artgenossen (z. B. Mastschweine) (Abb. 1). Ihnen wird ein unterschiedlicher moralischer Wert zugesprochen (→ S. 16).

Der Tierethiker Peter Singer kritisiert solche hierarchischen Vorstellungen. Er ist der Meinung, dass Tiere aufgrund ihrer Art nicht diskriminiert werden dürfen und fordert, alle Lebewesen als gleichwertig anzuerkennen. Für ihn gibt es keine moralische Rechtfertigung, das Leid anderer Lebewesen weniger zu berücksichtigen als das von Menschen (egalitäre Sicht). Das Prinzip der Gleichwertigkeit fordert, das Leid jedes Lebewesens gleich zu bewerten. Dabei darf nach dieser Ansicht kein Unterschied zwischen einem Schwein, einer Katze oder einem Menschen gemacht werden. Diese Sicht wird Egalitarismus genannt. Egalitäre Vorstellungen sind radikale Wertungen, die dazu auffordern, die eigenen Moralvorstellungen zu revidieren. Schwierig ist,

1: Minischweine sind Heimtiere. Kindern gegenüber sind sie häufig nicht behutsam, weshalb Erwachsene den Umgang stets beaufsichtigen sollten.

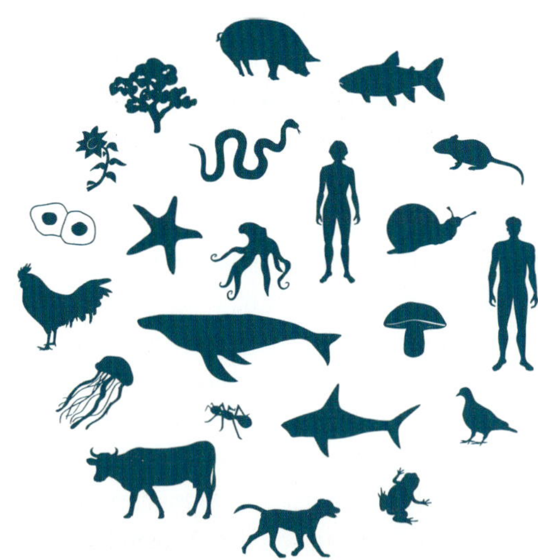

2: In diesem Bild sind die Lebewesen gleichwertig angeordnet. Damit soll ihr Eigenwert dargestellt werden.

„Ich bin Leben, das leben will,
inmitten von Leben, das Leben will."

Albert Schweitzer

3: Albert Schweitzer, Arzt in Afrika und Begründer der Philosophie „Ehrfurcht vor dem Leben"

dass wir bisher noch nicht genau wissen, welche Lebewesen Leid und Schmerz empfinden. Können Pflanzen auch leiden? Die Gleichbehandlung von Menschen und Tieren ist auch aus dem Grund der Umkehrung problematisch: Wenn wir Hunde wie Kinder behandeln würden, dürften wir dann auch Kinder wie Hunde behandeln?

## Eigenwert von Tieren

Manche Menschen sprechen allen Lebewesen, also Menschen, Tieren, Pflanzen und sogar Bakterien, einen moralischen Wert zu. In der Ethik wird das *Biozentrismus* genannt.

Albert Schweizer (1875–1965) (Abb. 3) geht vom eigenen Lebenswillen aus: Jedes Lebewesen hat seinen eigenen Willen zum Leben, den wir respektieren müssen. Für ihn besitzt Leben an sich einen Wert, den es zu schützen gilt. Dabei macht er keinen Unterschied zwischen dem Leben einer Pflanze oder eines Tieres, weil Leben nicht abgestuft werden kann und es kein „minderwertiges" Leben gibt. Er betont dabei aber, dass wir selbst nicht leben können, ohne Leben zu vernichten. Wir sollten es aber nur tun, wenn es für unser Leben notwendig ist.

Man sollte beachten, dass der Eigenwert der Lebewesen nicht bedeutet, dass Tiere wie Menschen oder Menschen wie Tiere behandelt werden sollten. Es geht darum zu begreifen, dass alles Lebendige eigenen moralischen Wert hat, der über den materiellen, instrumentellen oder ästhetischen Wert hinausgeht. Somit sollten wir Tiere respektvoll und ihren Bedürfnissen entsprechend behandeln.

Berücksichtigen wir den Eigenwert von Lebewesen, bedeutet das, dass wir jedem Lebewesen grundsätzlich mit Respekt begegnen sollten, dass wir Lebewesen niemals ohne Not Schaden zufügen oder sie willkürlich ausbeuten dürfen. Um das eigene Leben zu schützen, wäre es jedoch moralisch gerechtfertigt, eine festgesaugte Zecke zu entfernen und zu töten.

WÖRTER UND BEGRIFFE

### Hierarchismus, Egalitarismus und Eigenwert

| Begriff | | Begründung | Beispiel |
|---|---|---|---|
| **Hierarchismus** (➜ S. 6) (mit Rangordnung) | | Einige Lebewesen haben Vorrang vor allen anderen. | „Ich als Mensch habe eine Sonderstellung und stehe über anderen Lebewesen." |
| | **Arten-Hierarchismus** | Menschen haben aufgrund ihrer Zugehörigkeit zur Art Mensch Vorrang vor anderen (z. B. mehr Würde, Wert). | „Ich bin wertvoller als Tiere und Pflanzen, weil ich zur Art *Homo sapiens* gehöre." |
| | **Merkmals-Hierarchismus** | Einige Lebewesen haben aufgrund gewisser Eigenschaften (wie Vernunft, Selbstbewusstsein, Moral) Vorrang vor anderen. | „Ich als Mensch bin wertvoller als ein Tier oder eine Pflanze, weil ich schlauer bin." |
| | **Funktions-Hierarchismus** | Einige Lebewesen haben aufgrund gewisser Aufgaben und Beziehungen zum Menschen (z. B. emotionale, körperliche und soziale Nähe) Vorrang vor anderen. | „Zu manchen Tieren habe ich eine besonders liebevolle Beziehung. Zu anderen Tieren verspüre ich keine Nähe. Deshalb sind einige Tiere wertvoller als andere." |
| **Eigenwert** | | Jedes Lebewesen hat seinen eigenen Wert (gemäßigtes Gleichheitsprinzip). | „Auch eine Zecke, die mich beißt, hat als Lebewesen ihren Wert. Weil sie mir schadet, entferne ich sie, sodass sie stirbt." (Güterabwägung) |
| **Egalitarismus** (ohne Rangordnung) | | Kein Lebewesen hat Vorrang vor allen anderen (radikales Gleichheitsprinzip). | „Kein Lebewesen ist mehr wert als ein anderes, wir sind alle gleichwertig." |

AUFGABEN

1 Erläutere die Unterschiede zwischen Gleichwertigkeit und Eigenwert der Lebewesen.

2 Begründe, dass die Gleichbehandlung von Mensch und Tieren fragwürdig ist.

https://www.fr-v.de/1843010-k1-s9/

# Der Mensch ist eine Tierart in der Familie der Menschenaffen.

Der Naturforscher Charles Darwin (1809–1882) beschäftigte sich bereits vor rund 160 Jahren mit der Entstehung von Arten. Er erkannte den gemeinsamen Ursprung aller Lebewesen. Aufbauend auf Darwins Erkenntnissen zur Evolution (Entstehung von Lebewesen) entwickelte sich erstmalig eine ganz neue Perspektive auf den Menschen. Der Mensch (*Homo sapiens*) war schon etwa 100 Jahre zuvor von Carl von Linné (1707–1778) als eine Säugetierart in die Ordnung der Primaten (umgangssprachlich: Affen), also in die Tierwelt, eingeordnet worden. Zoologisch gesehen gehörst du – wie alle Menschenaffen – zu den Trockennasenaffen. Darwin formulierte darüber hinaus, dass der Mensch von einer ursprünglichen Menschenaffenart abstammt. Viele Menschen fühlen sich bis heute dadurch in ihrer vermeintlichen Sonderstellung angegriffen. Darwin kam aber zu dem Schluss, dass es problematisch ist, den Menschen ohne seine Abstammung verstehen zu wollen und ihn gedanklich von den Tieren zu trennen oder gar über sie zu stellen.

## Gemeinsame Vorfahren

Der Mensch stammt nicht von einem heute lebenden (rezenten) Menschenaffen ab, und er tauchte auch nicht plötzlich auf. Er entwickelte sich über einen langen Zeitraum aus einer Art der Familie der Menschenaffen. Menschen und Menschenaffen haben einen gemeinsamen (ausgestorbenen) afrikanischen Vorfahren. Da alle heute lebenden Primaten von diesem gemeinsamen Vorfahren abstammen, haben auch alle einen gleich langen Prozess der Evolution bis heute durchlaufen. Je nach Lebensraum erfolgten dabei unterschiedliche Anpassungen an die jeweiligen Lebensbedingungen. Biologisch gesehen ist der Mensch also eine Tierart, die neben den Gorilla- und Schimpansenarten zu den afrikanischen Menschenaffen gehört (Abb. 3 rechts). Sie gehören in eine Familie. Heutige Studien belegen, dass Charles Darwin mit seinen Aussagen vor 160 Jahren richtig lag.

1: Familienbild: hinten von links: Gorilla, Mensch, Orang Utan; vorn: Bonobo, Schimpanse

## Übergang zum Menschen

Durch Ausgrabungen werden immer mehr Fossilien (Versteinerungen) gefunden. Sie belegen, dass in der Vergangenheit mehrere aufrecht gehende Menschenaffenarten lebten. Darunter war wahrscheinlich auch unsere direkte Vorfahren-Art. Der gemeinsame Vorfahr von Mensch und Schimpanse lebte vor etwa 5 Millionen Jahren. Danach trennten sich ihre Wege. Die Vorfahren der Schimpansen lebten in den Wäldern Afrikas. Die Vorfahren des Menschen bildeten vor etwa 2 Millionen Jahren eine weit verzweigte Menschenfamilie aus mehreren Arten aus, die in Afrikas Savannen lebten. Heute lebt nur noch eine Menschenart, der *Homo sapiens*, der inzwischen alle Kontinente besiedelt hat. Die ältesten Fossilfunde vom *Homo sapiens* sind etwa 300.000 Jahre alt.

## Familie der Menschenaffen

Unsere engsten heute noch lebenden Verwandten sind die Menschenaffen. Durch molekulargenetische Methoden wurde herausgefunden,

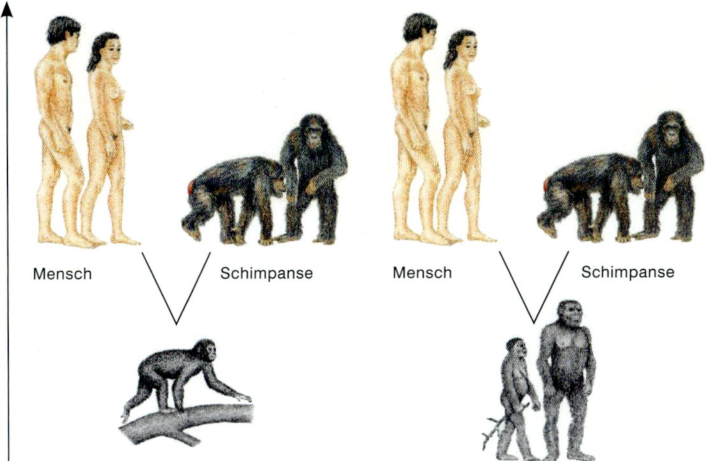


2: Zum letzten Vorfahr von Mensch und Schimpanse gibt es zwei gegensätzliche Hypothesen.

Mensch
Schimpanse
Gorilla
Orang
Gibbon
**Alltagsvorstellung**

Mensch Schimpanse Gorilla Orang Gibbon
**wissenschaftliche Vorstellung**

Zeit
Anne Geschwister Jan Vettern Ben
Eltern
Großeltern

Mensch Schimpanse Gorilla
Letzter gemeinsamer Vorfahr
Vorfahr afrikanischer Menschenaffen
**Verwandtschaft**

3: Ansichten zur Stellung der Art „Mensch" zu den Menschenaffen

dass die beiden Schimpansenarten, Schimpanse und Bonobo, unsere engsten Familienmitglieder sind. Unser Erbmaterial (DNA) ist zu 98,5 Prozent mit der DNA der Schimpansenarten identisch. Schimpansen sind also wie Geschwister für uns. Gorillas sind Verwandte zweiten Grades (Vettern) (Abb. 3). Der Orang-Utan ist ein Verwandter dritten Grades. Wusstest du, dass Schimpansen mit uns näher verwandt sind als mit dem Gorilla?

## Aufrechtgang

Vergleichen wir den Körperbau von Menschen und heutigen Menschenaffen, gibt es insbesondere mit den afrikanischen Menschenaffen deutliche Übereinstimmungen, aber besonders durch den aufrechten Gang auch wesentliche Unterschiede. Manche denken, dass der gemeinsame Vorfahr von Mensch und Schimpanse aussah wie ein Schimpanse. Nachdem sich ihre Wege getrennt haben, sei der Schimpanse auf einer früheren Entwicklungsstufe stehengeblieben und der Mensch hätte sich zum Aufrechtgeher weiterentwickelt. Schon sehr frühe Vorfahren des Menschen gingen jedoch bereits aufrecht. Auch aufgrund genetischer Untersuchungen kann man daher etwas Anderes vermuten: Obwohl die heutigen Menschenaffen überwiegend auf allen vieren laufen, ging unser gemeinsamer Vorfahr möglicherweise aufrecht. Wenn das zutrifft, dann hat unser gemeinsamer Vorfahr uns vielleicht ähnlicher gesehen als den Schimpansen. Die Schimpansen haben sich dann weiter von unseren gemeinsamen Vorfahren fortentwickelt als wir (Abb. 2).

ANSICHTEN UND EINSICHTEN

### Die Art Mensch und die Vielfalt der Tierarten

Nach gängigen Vorstellungen zur Humanevolution steht der Mensch an der Spitze einer Stufenleiter. Aus evolutionärer Sicht stehen alle heutigen Arten auf einer Stufe (Abb. 3, oben). Menschen und Schimpansen haben eine gemeinsame Geschichte. Menschen sind nicht höher entwickelt und Schimpansen sind nicht primitiver als wir – sie sind nur anders.
Der häufig angestellte Vergleich von „Mensch und Tier" ist problematisch, weil der Mensch biologisch gesehen selbst ein Tier ist. Du bist ein Individuum der Art *Homo sapiens*. Die Art Homo sapiens gehört innerhalb der Säugetiere zur Tiergruppe der Primaten. Da das Tierreich aus vielen verschiedenen Arten besteht, ist es fachlich unangemessen, eine Art (Mensch) mit allen anderen Tieren zu vergleichen. Wissenschaftler*innen vergleichen stattdessen bestimmte Individuen einer Art oder verschiedene Tierarten miteinander (z. B. Mensch und Schimpanse).

AUFGABEN

1. Begründe, dass der Vergleich zwischen „Mensch und Tier" fragwürdig ist.
2. Zum Aussehen unseres letzten gemeinsamen Vorfahren gibt es zwei unterschiedliche Vermutungen. Beschreibe beide Hypothesen und überlege, welche für dich einleuchtender ist. Begründe deine Entscheidung.

https://www.fr-v.de/1843010-k1-s11/

# Die Art Mensch hat spezifische Eigenschaften.

1: Menschen

Die Erde ist von unzähligen Lebewesen besiedelt. Jedes Lebewesen einer biologischen Art zeichnet sich durch besondere Eigenschaften aus. Die besonderen Eigenschaften einer Art bezeichnet man als Eigenart. Solche artspezifischen Eigenschaften grenzen auch die Art Mensch von anderen Tierarten ab.

## Die Eigenart des Menschen

Aus evolutionsbiologischer Perspektive unterscheidet sich die Art *Homo sapiens* hinsichtlich des ständig aufrechten Gangs, der Entwicklung von Sprache, der Größe des Gehirns sowie des Erwerbs und der Weitergabe von Kultur wesentlich von ihren nächsten Verwandten, den anderen Menschenaffen (→ S. 10).
Dass diese Eigenschaften als Eigenart des Menschen beschrieben werden, bedeutet nicht, dass sie einzig und allein dem Menschen zukommen. Evolutionsbiologisch ist es nämlich sehr unwahrscheinlich, dass solche als typisch menschlich verstandenen Eigenschaften plötzlich beim Menschen aufgetreten sind, ohne zumindest in einfacher Form bei Vorfahren und nahe Verwandten vorhanden zu sein.
Einerseits gibt es graduelle Übergänge, andererseits gehen die Evolutionsprozesse stets weiter. Daher ist es schwierig, hinsichtlich der Eigenschaften jeweils eine exakte Grenze zu setzen. Wir Menschen können uns deshalb in unseren

2: Jedes Lebewesen hat seine Eigenart.

3: Mithilfe dieser Maschine formulierte die zweijährige Schimpansin Lana Sätze wie „Bitte gib mir eine Banane“. Dazu drückte sie auf die entsprechenden Symboltasten.
Ein weiteres Beispiel: Der Bonobo Kanzi versteht die menschliche Sprache sogar so gut wie ein 2-jähriges Mädchen.

Eigenschaften nicht vollkommen von nahverwandten Tieren abgrenzen.
Bis vor rund 50 Jahren wurde beispielsweise Sprache als Eigenschaft angesehen, die ausschließlich der Mensch besitzt. Aufgrund der eingeschränkten Fähigkeit der Menschenaffen Laute zu bilden, war es nicht möglich, Menschenaffen eine Lautsprache beizubringen. Jedoch gelang es später nachzuweisen, dass Menschenaffen durchaus einfache und komplexe Formen einer Zeichensprache erlernen und menschliche Sprache verstehen können (Abb. 3).
Nicht nur Menschenaffen verfügen über eine differenzierte Kommunikation, sondern z. B. auch Papageien und Schwertwale (Orcas). Die weltweit verbreiteten Orcas sind die größten Delfine. Sie benutzen Laute zur Navigation und zum Auffinden von Beute. Dafür erzeugen sie eine Vielzahl an Lauten wie „Klicks" oder „Pfeiftöne" zur Echo-Ortung. Orcas leben in Familienverbänden und gehen sehr fürsorglich miteinander um. Deshalb ist es naheliegend, dass sie Laute auch zur Verständigung benutzen. Mit Unterwassermikrofonen wird die Bedeutung der „Orca-Gespräche" untersucht (Abb. 4). So wurden schon mehr als 125 verschiedene Töne und verschiedene Dialekte identifiziert und in menschliche Sprache übersetzt. Das Ziel ist es, eine Brücke zwischen Menschen und Meeressäugern zu bauen, um dadurch die Wale besser zu verstehen und ihren Lebensraum effektiver schützen zu können.

## Menschlicher Umgang mit Tieren

Die Eigenart des Menschen befähigt uns auch, in die Lebensbedingungen von Tieren einzugreifen. So können wir die Natur und Lebensraum von Tieren und Menschen schützen, gestalten, verändern oder auch zerstören. Wir können Tiere artgerecht behandeln oder sie ausbeuten und missbrauchen. Möchten wir Tiere artgerecht behandeln, dann müssen wir ihrer Eigenart gerecht werden (→ S. 29). Deshalb dürfen wir sie nicht so behandeln, als ob sie Menschen wären, aber auch nicht schlechter. Es geht vielmehr darum, mit Tieren anders – also entsprechend ihrer Eigenart – umzugehen (Abb. 2).

4: Die deutsche Biologin Heike Vester entschlüsselt in Nord-Norwegen die Sprache der Orcas. Sie versteht die Sprache der Schwertwale und erkennt daran, in welcher Stimmung sie gerade sind, ob sie spielen oder auf der Jagd sind.

ANSICHTEN UND EINSICHTEN

### Definition des Menschen

Die Frage, was den Menschen eigentlich zum Menschen macht, fasziniert die unterschiedlichsten Kulturen seit Jahrhunderten. Häufig definiert sich der Mensch durch bestimmte „menschliche" Eigenschaften in Abgrenzung zu Tieren. Das ist jedoch problematisch.

Würden wir uns durch Sprache oder den aufrechten Gang definieren, dann würden wir gleichzeitig diejenigen Menschen, die diese Merkmale nicht erfüllen (z. B. körperlich oder geistig eingeschränkte Personen) ausgrenzen oder gar herabsetzen. Eine Definition des Menschseins, die auf bestimmten Eigenschaften oder Merkmalen beruht, ist deshalb unangemessen. Besser ist es, Menschen als Mensch zu bezeichnen, weil er Mitglied in der Gemeinschaft der Menschen ist (Abb. 1).

AUFGABEN

1 Erläutere den Begriff Eigenart.

2 Begründe, dass es fragwürdig ist, Menschsein aufgrund von Arteigenschaften zu definieren.

3 Erörtere in einer schriftlichen Stellungnahme, ob es mit artgerechtem Umgang vereinbar ist, einem Schimpansen eine Computersprache beizubringen (Abb. 3).

https://www.fr-v.de/1843010-k1-s13/

# Tiere sind keine Automaten, sondern lebendige Individuen.

Im 17. und 18. Jahrhundert glaubten viele Wissenschaftler*innen, dass die Welt nach mechanischen Gesetzen funktioniert. Das Weltbild wurde durch die Vorstellungen des Philosophen René Descartes (1596–1650) geprägt. Die ganze (nicht menschliche) Natur wurde als eine große Maschine verstanden. Somit waren auch Tiere nichts anderes als seelenlose Automaten (Abb. 1). Descartes formulierte, das Schmerzgeheul eines Hundes sei nur dasselbe wie das Quietschen einer nicht geölten Maschine.
Geist und Sprache waren die wichtigsten Kriterien zur Unterscheidung des Menschen vom „Tier“. Biologisch-evolutionäre Kriterien wie Abstammung und Verwandtschaft waren nicht bekannt. Zwar gab es zu dieser Zeit noch keine Wissenschaft, die Biologie hieß, aber trotzdem kritisierten manche Menschen das vorherrschende mechanische Tierbild und die (biologisch falschen) Kategorien, nach denen Tiere vom Menschen getrennt wurden. Auch wenn wir heutzutage viel mehr über Tiere wissen, ist das mechanische Tierbild noch in vielen Köpfen verankert.

## (Keine) Sachen

Heute setzen sich Tierschutzorganisationen dafür ein, dass Tiere nicht als leblose Sachen gesehen und behandelt werden. Betrachten wir Tiere als Sachen, dann sprechen wir ihnen ihren Eigenwert als Lebewesen ab. Dadurch fällt es uns leicht, sie für unsere Zwecke zu nutzen, ohne dabei ihre Bedürfnisse zu beachten. Biologisch gesehen ist ein Tier selbstverständlich keine Sache, sondern ein lebendiges Individuum.
Für Tiere gelten teilweise dieselben gesetzlichen Vorschriften wie für „Sachen“ (§ 90 a BGB). Das erlaubt es uns, Tiere zu besitzen, zu kaufen, zu verkaufen (Abb. 2) oder zu züchten.
Im Unterschied zu leblosen Besitztümern wie Autos und Smartphones dürfen wir mit Tieren jedoch nicht willkürlich umgehen. Nach dem Tierschutzgesetz ist beispielsweise verboten, Tiere absichtlich oder ohne einen „vernünftigen“ Grund zu quälen oder zu töten. Wird ein Tier jedoch unabsichtlich oder in einer Notsituation verletzt, dann handelt es sich im Unterschied zu Menschen bei ihnen nicht um Körperverletzung, sondern um Sachbeschädigung.
In ethischer Perspektive muss man darüber nachdenken, was ein „vernünftiger“ Grund dafür sein kann, Tiere zu quälen oder zu töten. Das Töten von Tieren für Kleidung wie Pelzmäntel und Lederschuhe ist dem Gesetz nach erlaubt, aber ist das „vernünftig“? Ist alles vernünftig, was für den Menschen gut bzw. erwünscht ist?

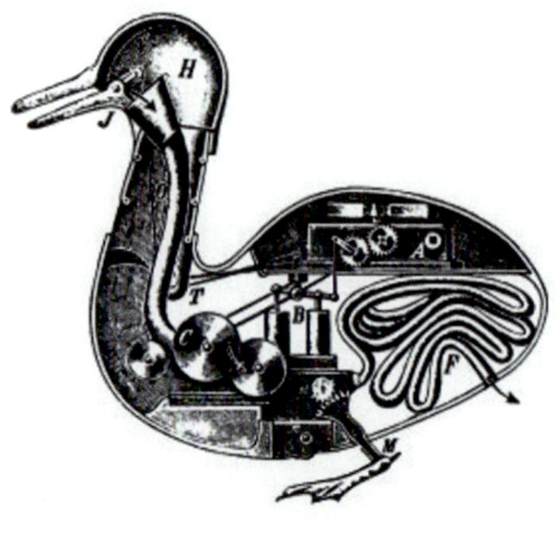


1: Die Ente als Maschine: Das mechanistische Weltbild förderte eine Haltung, Tiere wie leblose Maschinen zu behandeln.

## (Keine) Personen

In Büchern oder Filmen, wie der Sendung mit der Maus oder Biene Maja, werden Tiere bewusst vermenschlicht. Das ist nicht nur ein Stilmittel, sondern bestimmt häufig die Art und Weise, wie wir denken. Unsere Erfahrungen sind für das Verstehen von tierlichen Verhaltensweisen wesentlich. Wir übertragen dann leicht menschliche Motivationen, Merkmale, Tätigkeiten, Gefühle oder Charakterzüge auf Tiere. Vermenschlichst du ein Tier, dann siehst du es als ein lebendiges Individuum mit Gefühlen, Gedanken oder eige-

nen Willen an. Das hat den Vorteil, dass du dich mit Tieren identifizieren und zu ihnen eine emotionale Beziehung aufbauen kannst. Anstelle von Willkür und Gedankenlosigkeit gegenüber Tieren kann dieses Tierbild zu einem sorgsamen Umgang mit ihnen führen.
Durch die Vermenschlichung werden die Bedürfnisse der Tiere jedoch leicht übersehen und tierliches Verhalten missdeutet. Wenn du einen Hund wie einen Menschen behandelst, indem du ihn z. B. wie einen Menschen kleidest (Abb. 3), in deinem Bett schlafen lässt oder vegan ernährst, dann musst du dich fragen, ob du damit seinen Bedürfnissen gerecht wirst. Bei seinem menschlichen „Rudel“ zu schlafen, würde dem Sozialverhalten eines Hundes möglicherweise gerecht. Eine vegane Ernährung hätte aber sehr wahrscheinlich Mangelerscheinungen zur Folge. Für eine artgerechte Tierhaltung (→ S. 28) dürfen Tiere also nicht vermenschlicht werden.

## Individuen

Biologisch gesehen gibt es nicht „das Tier“. Vielmehr gibt es viele verschiedene Tiergruppen (z. B. Schnecken, Käfer, Vögel, Säugetiere), die sich wiederum aus verschiedenen Tierarten zusammensetzen (z. B. Weinbergschnecke, Marienkäfer). Eine Tierart besteht aus zahlreichen unterschiedlichen Einzeltieren (Individuen). Deshalb sind Tiere nicht alle gleich, sondern haben unterschiedliche Eigenschaften und Bedürfnisse.

3: Tiere werden oft so behandelt, als ob sie Menschen wären.

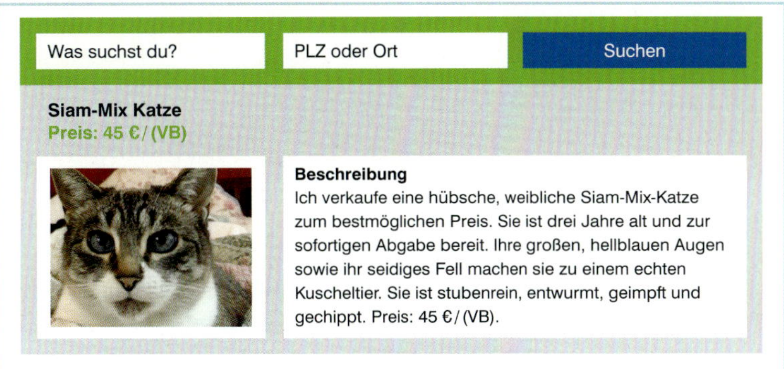


2: Tiere können verkauft werden, als ob sie leblose Sachen wären.

ANSICHTEN UND EINSICHTEN

### Tier ist nicht gleich Tier

Es liegt in der Natur des Menschen, seine Welt verstehen zu wollen. Da wir nicht mit Tieren sprechen können, ist es etwas Abstraktes, sie zu verstehen. Wir erkennen, dass es bestimmte Unterschiede und Gemeinsamkeiten zwischen Tieren, Maschinen, Sachen und Menschen gibt. Wir vergleichen sie, um ihre Verhaltensweisen und Bedürfnisse zu veranschaulichen. Das ist gerechtfertigt.
Jedoch sollte uns bewusst sein, dass es nicht „das Tier“ gibt. Tiere sind auch keine Gegenstände oder Menschen. Bei solchen Alltagsvorstellungen handelt es sich um Verallgemeinerungen. Durch vereinfachende Vergleiche verstehen wir immer nur eine Seite eines Tieres (z. B. Fleischlieferant, Partnerersatz). Wir dürfen das nicht einfach hinnehmen und sollten unsere Gedanken, Aussagen und Handlungen deshalb jeweils hinterfragen, indem wir zwischen Tierarten differenzieren und jedes Tier als Individuum betrachten.

Es wäre trügerisch, bei Millionen verschiedener Tierarten und Individuen generell vom Tier zu sprechen. Ebenso verkehrt wäre es, ein Individuum rein nach seiner Artzugehörigkeit zu beurteilen.

AUFGABEN

1 Gib die im Text benannten verschiedenen Ansichten über Tiere mit eigenen Worten wieder.

2 Erläutere, welche Vor- und Nachteile die verschiedenen Ansichten über Tiere haben.

3 Biologisch gesehen gibt es nicht „das Tier“. Begründe, dass wir die Eigenschaften von Tieren nicht verallgemeinern sollten.

https://www.fr-v.de/1843010-k1-s15/

# Tierethik behandelt die menschliche Verantwortung für Tiere.

Menschen haben Verantwortung für die ihnen anvertrauten Tiere und darüber hinaus für die gesamte Natur, in die sie hineinwirken. Diese Verantwortung ist Thema der Ethik.

## Nutzen für den Menschen

Manche Menschen wie auch Dana (→ S. 4) vertreten die Position, dass es moralisch bedenkenlos ist, Tiere zu essen. Tiere und Pflanzen werden nur dann geschützt, wenn es einen Vorteil bringt. Tiere werden nicht entsprechend ihrem Eigenwert behandelt, sondern wir nutzen sie, um uns beispielsweise von ihrem Fleisch zu ernähren (instrumenteller Wert) oder weil sie uns gefallen (ästhetischer Wert).

In der Wissenschaft wird die allein auf menschliche Bedürfnisse bezogene ethische Position als Anthropozentrismus bezeichnet. Sie findet sich auch in einigen Abschnitten unseres Tierschutzgesetzes. Dort wird beispielsweise die Haltung und Tötung von Tieren zu Nahrungszwecken erlaubt. Dieser Ansatz legitimiert juristisch, dass Tiere getötet, genutzt, gegessen oder in Massentierhaltungen gehalten werden dürfen. Der Philosoph Immanuel Kant (1724–1804) beschrieb einen Nachteil des Anthropozentrismus: Quälen Menschen Tiere, werden sie selbst brutaler, rücksichtsloser und unbarmherziger (Verrohungsargument).

## Empfindungen

Andere Menschen finden es unmoralisch, Tiere schlecht zu behandeln. Für sie sind alle leidensfähigen Tiere moralisch wertvoll. Nach dieser Position ist es wichtig, die Empfindungen von Tieren in ethischen Entscheidungen zu berücksichtigen. Dieser Ansatz heißt Pathozentrismus (Mitleidsethik). Er hat den Vorteil, dass Tiere um ihrer selbst willen geschützt werden und ihnen kein unnötiges Leid zufügt werden darf (Abb. 2). Einige Menschen vertreten die Meinung, dass Tiere nicht denken und fühlen können. Deswegen ist die Schweinemast auch kein moralisches Problem für sie. Diese Vorstellung ist jedoch fachlich nicht zutreffend. Wirbeltiere wie Säugetiere, Vögel oder Fische sind mit einem hochentwickelten Nervensystem ausgestattet. Daher

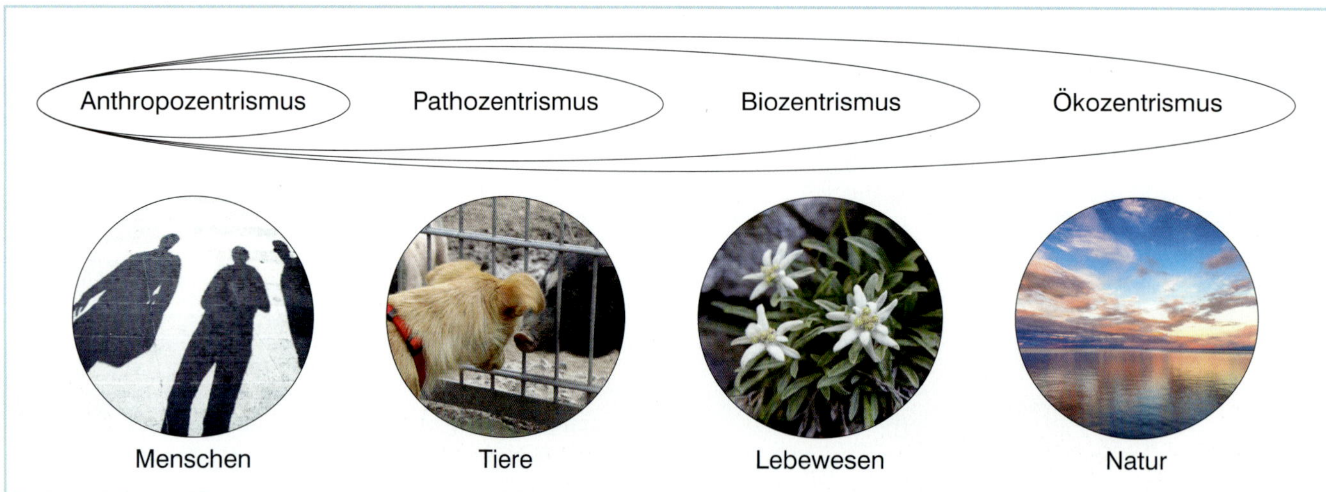


1: Die verschiedenen Positionen der Umwelt- und Tierethik haben unterschiedliche Reichweite.

2: Auch wenn die Entscheidung, Fleisch zu essen, bei dir persönlich liegt, trägst du Verantwortung: Durch dein Konsumverhalten entscheidest du, unter welchen Bedingungen Schweine leben (➜ S. 42).

kann man nachweisen, dass sie auch Schmerzen empfinden können. Biologisch betrachtet verfügen Schweine über Gefühle, Intelligenz, Individualität und Charakter. Sie haben Gedanken, Erwartungen, Absichten und können sowohl Freude als auch Leid empfinden.

## Respekt gegenüber Tieren

Andere Menschen wie auch Stefan (➜ S. 4) finden, dass alle Lebewesen (also Menschen, Tiere, Pflanzen, Pilze und sogar Bakterien) moralisch wertvoll und schutzwürdig sind. Nach dieser Position solltest du jedem Lebewesen, also auch Zecken, mit Ehrfurcht (Respekt) begegnen. Der Wert einer Zecke als Lebewesen steht jedoch dem Wert der eigenen Gesundheit gegenüber. Deshalb musst du die Zecke nicht saugen lassen, bis sie satt ist und damit die Gefahr einer Infektion hinnehmen. Das bedeutet, dass wir durchaus unser Eigeninteresse gegenüber dem Interesse der Tiere durchsetzen dürfen (➜ S. 9).
Aus dieser Sicht ist es daher ethisch vertretbar, Lebewesen zu töten, um sie zu essen. Die Haltung „Ehrfurcht vor dem Leben" hat der Arzt, Theologe und Organist Albert Schweizer (➜ S. 9) philosophisch begründet. Er war kein Vegetarier. Er vertrat den Grundsatz, dass keinem Lebewesen gedankenlos oder ohne kritische Prüfung Schaden zugefügt werden darf. Nach diesem Ansatz solltest du dich auf das Notwendigste beschränken, sparsam mit Fleisch und achtsam mit allen Lebewesen umgehen.

## Schutz von Lebensräumen

Die vierte ethische Position, die die Tierethik berührt, schreibt der gesamten belebten und unbelebten Natur moralischen Wert zu, auch Steinen sowie Bergen, Meeren, Wäldern oder Landschaften. Man nennt dies Ökozentrismus oder Physiozentrismus. Der Vorteil dieser Position ist es, dass sie einen Zugang zum Natur- und Umweltschutz eröffnet: Zur Verantwortung gegenüber Tieren gehört der Schutz ihrer Lebensräume. Es geht also darum, die ökologischen Folgen deines Handelns mit zu bedenken. Der Ökozentrismus fordert uns beispielsweise auf, umweltbewusster zu konsumieren und dadurch auch Tiere zu schützen (Abb. 3).

3: Die Karettschildkröte kann Plastiktüten mit ihrer Leibspeise, den Quallen, verwechseln und muss dann verhungern.

AUFGABEN

Europäer verursachen jährlich 25 Millionen Tonnen Kunststoffabfälle. Plastik gelangt über die Flüsse ins Meer. Das hat weitreichende Folgen für das Ökosystem Meer und die Meeresbewohner (Abb. 3).

1 Bewerte das Problem aus allen vier ethischen Positionen.

2 Überlege, welche Position dir besonders zusagt. Begründe dies und gib an, wie du danach handeln kannst.

https://www.fr-v.de/1843010-k1-s17/

# Tierethik behandelt die Frage nach den Rechten von Tieren.

1: Ein Selfie, gemacht von dem Schopfmakaken Naruto. Er ist der Fotograf: Besitzt er die Rechte an dem Bild?

Der Fotograf David Slater reiste 2011 auf die indonesische Insel Sulawesi, um Tieraufnahmen zu machen. Als er seine Kamera für einen Moment nicht beaufsichtigte, ergriff der Schopfmakak Naruto die Gelegenheit und schoss Fotos von sich selbst (Abb. 1). Die Selfies verbreiteten sich schnell im Internet, sodass der Affe weltberühmt wurde.

Einige Menschen stellten in Frage, dass David Slater die Rechte an dem Selfie besitzt. Die Tierschutzorganisation PETA ergriff Partei für Naruto. Sie ist der Meinung, dass die Bildrechte bei ihm liegen und die Einnahmen ihm zugutekommen sollten. Aber hat ein Tier Rechte? Es kam zur Gerichtsverhandlung: Ein US-Gericht hat 2015 auf die Klage der Tierschutzorganisation PETA hin entschieden, dass die Bildrechte nicht bei dem Makaken, sondern bei David Slater liegen.

2: Die Elefantenkuh namens Mary wurde 1916 in Tennessee (USA) zum Tod durch den Strang verurteilt, weil sie einen Zirkusdompteur totgetrampelt hatte.

## Grundrechte für Tiere?

Einige Menschen vertreten die Ansicht, dass Tiere bestimmte Rechte besitzen. Sie werden als Tierrechte bezeichnet. Insbesondere Säugetiere, Vögel und Fische sind mit einem komplexen Gehirn und der Fähigkeit, Leid und Schmerz zu empfinden, ausgestattet. Nach Ansicht einiger Tierethiker*innen besitzen diese Tiere Würde und ein Recht auf Freiheit und Selbstbestimmung. Sie lehnen ab, Tiere als Eigentum zu besitzen, mit ihnen Handel zu treiben oder sie zur Erfüllung unserer Bedürfnisse zu nutzen. Es geht ihnen nicht darum, Tieren Menschenrechte zuzusprechen (z. B. Bildrechte), sondern sie moralisch gleichzustellen und ihnen eigene Tierrechte zu geben. Die internationale Initiative namens *Great Ape Projekt* fordert beispielsweise das Recht auf Leben, den Schutz der individuellen Freiheit und das Verbot der Folter für alle großen Menschenaffen (Menschen, Schimpansen, Gorillas, Orang-Utans).

Andere halten es nicht für sinnvoll, Tieren Rechte zuzusprechen. Das bedeutendste Argument ist hierbei, dass Tiere den Sinn von Rechten und Pflichten nicht verstehen.

Davon war man nicht immer überzeugt: Im Mittelalter wurden nicht nur Menschen vor Gericht gestellt, sondern auch Tiere. Zuweilen wurden sie in Zellen gesperrt, zum Tod am Galgen oder zum Begraben bei lebendigem Leibe verurteilt. Noch vor etwa 100 Jahren fanden große

Tierprozesse statt (Abb. 2). Heute denken wir anders darüber: Da Tiere menschliche Rechte und Pflichten nicht begreifen können, ist es auch nicht gerecht, sie danach zu behandeln.
Was bedeutet das für den Fall von Naruto? In Deutschland ist allein der Mensch rechtsfähig und möglicher Urheber von Bildern. Der Makak hat keine Pflicht, sich an unsere Rechte zu halten oder als Zeuge über eine Tat auszusagen. Er kann auch nicht als Täter für den Diebstahl der Kamera verurteilt werden. Das bedeutet aber auch, dass ihm die Rechte an den Bildern nicht zugesprochen werden können.
Anders als in den USA wäre es bei uns überhaupt nicht zu einem solchen Rechtstreit gekommen.

4: Tiere können ihre Interessen nicht selbst vertreten und benötigen Menschen, die sie vertreten und für sie sprechen.

## Tierschutzgesetz

In Deutschland wird der Umgang mit Tieren seit 1871 vom Tierschutzrecht geregelt. 1933 trat das erste Tierschutzgesetz in Kraft, in dem das Vermeiden von tierlichem Leiden im Mittelpunkt steht. 2002 wurde der Tierschutz in Deutschland als Staatsziel im Grundgesetz verankert.
Das Tierschutzgesetz von 1933 ist bis heute gültig und regelt im Bürgerlichen Gesetzbuch die Verantwortung des Menschen für Tiere als Mitgeschöpfe, deren Leben und Wohlbefinden. Die Auffassungen darüber, was unter „Wohlbefinden" verstanden wird, unterscheiden sich jedoch sehr. Deshalb ist es in tierethischen Diskussionen besonders wichtig, die Bedeutung zu klären. Zur Konkretisierung werden im Tierschutzgesetz genaue Vorschriften zur Tierhaltung, zur Tötung von Tieren oder zu Tierversuchen gemacht. Das Zufügen von Schmerzen, Leiden und Schaden ist ohne vernünftigen Grund nicht erlaubt (§ 1). Schlachtung zum Verzehr und Tierversuche zählen zu den vernünftigen Gründen. Innerhalb der Tierschutz- und Tierrechtsbewegung wird das Tierschutzgesetz deshalb kritisiert und es werden Einschränkungen gefordert.

**ANSICHTEN UND EINSICHTEN**

### Tierrechte

Viele Menschen vertreten die Meinung, dass Tiere von Geburt an das Recht auf ein Leben in Freiheit und Unversehrtheit haben. Das ist in Ordnung. Übertragen wir jedoch Menschenrechte und -pflichten auf Tiere, ist das irreleitend. Wenn bestimmte Rechte und Pflichten für das menschliche Zusammenleben wertvoll sind, bedeutet das nicht, dass sie auch für andere Tierarten sinnvoll sind.
Verwenden Ethiker*innen das Wort Tierrechte, meinen sie damit meist besondere Grundrechte für Wirbeltierarten mit Bewusstsein.

3: Tiere wurden lange Zeit wie Menschen bestraft. Sie wurden angezeigt, als Zeugen vernommen und auch als Täter verurteilt.

AUFGABEN

1 Erläutere jeweils einen Grund, der für und gegen die Einführung von Tierrechten spricht.

2 In der Schweiz werden die Interessen von Tieren durch Tieranwälte vertreten. Sie versuchen vor Gericht, tierliche Bedürfnisse zu erkennen und durchzusetzen. Finde jeweils Argumente, die für und gegen solche Tieranwälte in Deutschland sprechen.

https://www.fr-v.de/1843010-k1-s19/

# Theologie bedenkt den richtigen Umgang mit der Schöpfung.

Theologisch gesehen tragen Menschen Verantwortung für Tiere. Die christliche Tierethik begründet diese Ansicht mit zwei Argumenten: Zum einen sollen Tiere geschützt werden, weil der Mensch die Aufgabe hat, sich um Gottes Schöpfung zu kümmern. Zum anderen sind Christ*innen dazu aufgefordert, für die Schwächsten einer Gesellschaft einzutreten.

## Verantwortung für die Schöpfung

Im ersten Schöpfungstext der Bibel wird der Mensch als Bild Gottes geschaffen, d. h. als Zeichen der Herrschaft Gottes auf der Erde. Durch den Herrschaftsauftrag und die Gottesebenbildlichkeit scheint der Mensch eine Sonderstellung zu bekommen. Lange Zeit wurde diese Sonderstellung des Menschen in der Schöpfung einseitig betrachtet. Menschen haben sich von anderen Geschöpfen abgehoben. Tiere und Pflanzen wurden zur Erfüllung menschlicher Bedürfnisse zu Werkzeugen gemacht, die einen bestimmten Zweck erfüllen sollten.
Viele Menschen verstehen heute den Auftrag, die Schöpfung zu verwalten, anders. Der Unterschied zwischen Menschen und Tieren besteht darin, dass Menschen fähig sind, Verantwortung für die Schöpfung zu übernehmen.

## Herrschaftsauftrag

Im ersten Schöpfungstext wird dem Menschen aufgetragen, sich die Tiere untertan zu machen und über sie zu herrschen. Der Mensch bekommt die Aufgabe, Gott auf der Erde zu vertreten. Lange Zeit interpretierten Menschen den Herrschaftsauftrag als das Recht, Kontrolle und Macht ausüben zu dürfen und willkürlich mit Tieren umzugehen. Das Leben der Menschen dieser Zeit war geprägt von Naturgewalten, Kriegen und Hungersnöten (Abb. 1). Es ist daher nicht

1: In Zeiten der Hungersnot stehen Menschen und Tiere in Konkurrenz zueinander.

2: Menschen können die Schöpfung zerstören oder gestalten und bewahren. Eine Ölpest tötet zahlreiche Lebewesen und vergiftet ihren Lebensraum. Der Weißstorch ist dem Menschen dagegen in die Kulturlandschaft gefolgt und steht heute unter Naturschutz.

verwunderlich, dass sie die Schöpfung autoritär beherrschen wollten und mussten.
In der modernen Theologie gibt es eine andere Perspektive: Die Zeit, in denen sich der Mensch so stark von der Natur schützen musste, ist in Europa vorbei. Heute haben wir es mit anderen Herausforderungen, wie Umweltverschmutzung, Artensterben oder Klimawandel, zu tun (Abb. 2). Die Herrschaft der Menschen wird heute als ein behütender, pflegender, fürsorglicher und verantwortungsbewusster Umgang mit der schutzbedürftigen Schöpfung begriffen.

## Nächstenliebe

In der Bibel finden wir Texte, die uns darauf hinweisen, mit Tieren entsprechend ihren Bedürfnissen mitfühlend und verständnisvoll umzugehen. Das Gebot „Liebe deinen Nächsten wie dich selbst“ gilt aus christlicher Sicht insbesondere für die Schwachen und Rechtlosen in der Gesellschaft. Deshalb kann es nicht nur auf den Menschen, sondern auch auf Tiere bezogen werden. Wir sollten ihnen nächstenliebend begegnen und für sie einstehen.
So wie sich Eltern um Kinder kümmern, können sich auch Menschen um Tiere sorgen. Kleinkinder und Tiere haben begrenzte körperliche, sprachliche und geistige Fähigkeiten und besondere Bedürfnisse. Sie sind auf die Zuwendung und das Verständnis von Stärkeren angewiesen. So wie Eltern die individuellen Bedürfnisse von Kindern berücksichtigen, sollten Menschen auch die individuellen Bedürfnisse von Tieren kennen, die sie halten. Sie müssen ihre Eigenart berücksichtigen.

WÖRTER UND BEGRIFFE

### Schöpfung und Natur

Das Wort Schöpfung bezeichnet im Alltag all das, was von Gott, dem Schöpfer, erschaffen wurde. Menschen und Tiere werden als Geschöpfe bezeichnet. Häufig wird das Wort gleichbedeutend mit dem Wort Natur gebraucht.
Einige Menschen sehen in dem religiösen Begriff Schöpfung einen Gegensatz zum biologischen Begriff der Evolution. Die zwei unterschiedlichen Perspektiven – Religion und Naturwissenschaft – beruhen jedoch auf jedoch ganz verschiedenen Methoden und Theorien mit ganz unterschiedlichen Fragen. In der Biologie möchte man Antworten auf die naturwissenschaftliche Frage nach dem Verlauf der Evolution finden, u. a. nach der Entstehung von Arten. Dagegen wird in der Theologie nach der Beziehung zwischen Menschen und Gott sowie der Erfüllung des Schöpfungsauftrags gefragt. Trotz dieser unterschiedlichen Fragen gibt es gemeinsame Aussagen zu bestimmten Themenfeldern, wie beispielsweise dem Tier- und Umweltschutz.

AUFGABEN

1 Erläutere zwei religiöse Argumente, die erklären, warum sich Menschen verantwortungsbewusst um Tiere kümmern sollten.

2 Informiere dich über die Haltung verschiedener Religionen (z. B. Hinduismus) zu Tieren und berichte darüber.

3 Auf. S. 3 sind einige Fragen zur Tierethik aufgeführt. Versuche, diese Fragen so zu beantworten, dass eine Schülerin oder ein Schüler der 7. Klasse die Antworten versteht. Die Seiten dieses Kapitels helfen dir dabei.

https://www.fr-v.de/1843010-k1-s21/

# Herausforderung Tierhaltung

2

Wie können Tiere genutzt und gleichzeitig geschützt werden?

Können Tiere fühlen und denken wie Menschen?

Können Zoos ihre Tiere artgerecht halten?

Heißt artgerecht, dass es den Tieren gut geht, obwohl sie eingesperrt sind?

Garantieren Bio-Siegel zuverlässig das Wohlergehen der Tiere?

# Menschen können sich in Tiere einfühlen.

1: Meinungen

Wenn Menschen die Haltung von Tieren beurteilen, dann ist das Wohlbefinden der Tiere das wichtigste Kriterium (Abb. 1). So wie Stefan bist auch du fähig, dich bewusst in andere Menschen, aber auch Tiere, hineinzuversetzen. Spezielle Nervenzellen in deinem Gehirn (Spiegelneurone) sind dafür verantwortlich, dass du Befinden auch von Tieren nachempfinden kannst. Natürlich kannst du dich nicht wirklich in ein Tier hineinversetzen. Du überträgst deine eigenen Gefühle, Gedanken oder Absichten auf Tiere. Dadurch kannst du ein Mitgefühl für sie entwickeln. Das ermöglicht dir, Verantwortung für Tiere zu tragen und fürsorglich mit ihnen umzugehen. Es reicht jedoch nicht aus, das Wohlbefinden von Tieren nur einfühlend zu beurteilen. Dabei besteht nämlich immer die Gefahr, dass du eigene Bedürfnisse unkritisch auf das Tier überträgst. Man spricht in diesem Fall von der Vermenschlichung eines Tiers (Anthropomorphismus).

## Warum ist uns Freiheit wichtig?

Bei der Beurteilung der Tierhaltung spielt häufig die „Freiheit" der gehaltenen Tiere eine besondere Rolle (Abb. 3). Warum ist uns die Freiheit der Tiere so wichtig? Jeder von uns hat in verschiedenen Lebenssituationen eigene Erfahrungen mit der Freiheit gesammelt: Du hast sicher schon erlebt, was es bedeutet, dich frei durch den Raum zu bewegen. Wahrscheinlich hast du auch schon erfahren, wie es sich anfühlt, in einem überfüllten Raum zu stehen und dich nicht mehr bewegen zu können oder gegen deinen Willen festgehalten und sogar eingesperrt zu werden. Diese Erfahrungen bilden einen Grundstein für dein lebensweltlich geprägtes Freiheitsgefühl. Bei der Beurteilung von Tierhaltung überträgst du deine Vorstellungen auf ein Tier, um zu beurteilen, wie wohl es sich in seiner Umgebung fühlt. Dein Freiheitsgefühl muss aber nicht mit dem eines Tieres übereinstimmen.

Tierarten und Individuen verfügen über verschiedene Freiheitsgefühle. Wenn wir Tiere halten, müssen wir artspezifische und individuelle Bedürfnisse nach Freiheit beachten. Für manche Tiere ist es sogar lebenswichtig, in Enge zu leben (Abb. 2).

## Wann fühlen sich Tiere wohl?

Vielen Menschen ist es wichtig, dass es den gehaltenen Tieren gut geht. Sie legen daher Wert auf eine tiergerechte Tierhaltung. Beim Kauf von

2: Ist die Enge tiergerecht?

tierischen Produkten orientieren sie sich deshalb an verschiedenen Siegeln und Produktbeschreibungen, die Aussagen über die Tierhaltung machen und mit einem angeblich verbesserten Tierwohl werben. Liest du z. B. auf einer Fleischverpackung das Wort „Tierwohl“, dann stellst du dir wahrscheinlich vor, dass sich das dort gehaltene Tier wohlgefühlt hat.

Die Förderung des tierlichen Wohlergehens ist ein politisches Ziel. Staatlich geförderte Initiativen möchten die Tierhaltung verbessern, indem sie die verantwortlichen Personen zu einer artgerechteren Tierhaltung motivieren. Für das Verwenden verschiedener Siegel werden unterschiedlich hohe Standards für die Tierhaltung gefordert. Betriebe, die das EU-Bio-Siegel tragen, verpflichten sich zu einer artgerechten Tierhaltung. Um das Wohlbefinden der Tiere zu steigern, werden Ställe (um)gebaut und den Bedürfnissen der Tiere angepasst. Siegel wie Naturland, Demeter oder Bioland sollen noch bessere Bedingungen für die Tiere angeben. Wissenschaftlich ist es aber nicht immer leicht, das Wohlbefinden von Tieren zu verstehen und zu fördern. Wissenschaftler*innen greifen dabei auf ihr Wissen über das Verhalten, die Angepasstheit, die Gefühle und die Denkleistungen von Tieren zurück. So beurteilen sie, wie wohl sich bestimmte Tiere wahrscheinlich fühlen. Für das Tierwohl gibt es vier zentrale Kriterien: Ist das Tier vollkommen gesund? Wird es mit ausreichend Nahrung versorgt? Kann es seine natürlichen Verhaltensweisen ausleben? Hat es ein schmerz-, angst- und stressfreies Leben? Diese Liste wird kritisiert, da die angestrebten Zustände bei kaum einer Tierhaltung realisierbar sind.

ANSICHTEN UND EINSICHTEN

### Anthropomorphismus

Menschen beurteilen Tierhaltungssysteme anhand des Tierwohls. Leider ist es nicht möglich, dass wir gehaltene Tiere zu ihren Erfahrungen befragen können. Wir gehen häufig von unseren eigenen Erfahrungen aus. Menschliche Gefühle, Eigenschaften und Handlungen werden zur Erklärung tierlicher Gefühle, Eigenschaften und Handlungen verwendet. Das kann dann angemessen sein, wenn die betreffende Tierart aufgrund ihrer Abstammung bestimmte Eigenschaften mit dem Menschen teilt. Wenn wir jedoch nur auf unsere eigenen Erfahrungen zurückgreifen, dann wird von Anthropomorphismus gesprochen. Er kann zu falschen, aber auch zu zutreffenden Urteilen führen:

- Urteil „Die Königspinguine fühlen sich schlecht, weil ich mich in einem solchen Gedränge schlecht fühlen würde“ (Abb. 2): Für eine fachliche Beurteilung des Tierwohls eignet sich diese anthropomorphe Begründung nicht. Es ist wichtig, dass du dich vor deinem Urteil gut über das jeweilige Tier und seine Eigenart informierst: Die dicht gedrängt stehenden Pinguine schützen sich so vor Kälte.
- Urteil „Menschenaffen im Zoo fühlen sich wie Gefangene“ (Abb. 3): Solche Aussagen drücken aus, dass wir uns mit Tieren identifizieren und Mitgefühl haben. Für einen tiergerechten Umgang ist es jedoch wichtig, die tatsächlichen Bedürfnisse der Tiere zu erkunden.
- Urteil „Jedes Huhn tickt anders“: Auch wenn es scheinbar nicht so aussehen mag, ist diese Aussage fachlich zutreffend. Es ist wichtig zu verstehen, dass die Angehörigen einer Art nicht gleich sind. Werden individuelle Unterschiede beachtet, trägt das zu einer angemessenen Beurteilung des Tierwohls bei (→ S. 43).

3: Die Tierschutzorganisation PETA vergleicht auf dem provokanten Werbeplakat die Menschaffen-Anlage im Stuttgarter Zoo Wilhelma mit einem Gefängnis.

# Zoos streben artgerechte Tierhaltung an.

Die Geschichte der Menschheit ist eng verknüpft mit der Haltung von Tieren. Dabei änderten sich im Laufe der Zeit die Haltungsbedingungen und Anlagen für Tiere stark.

## Geschichte der Zoos

Die frühesten archäologischen Nachweise stammen aus Ägypten: Bereits 3500 v. Chr. wurden in der Stadt Hierakonpolis Flusspferde, Wildkatzen und Elefanten gehalten. Auch in China wurden bereits um 2000 v. Chr. Zoo-ähnliche Anlagen gebaut. Zoos in ihrer heutigen Form sind erst später entstanden. Als der älteste noch bestehende Zoo wird der 1752 durch Franz I. Stephan gegründete Tiergarten Schönbrunn in Wien angesehen. Früher besaßen Zoos allerdings ganz andere Funktionen und waren ursprünglich nur für eine höfische, private Menagerie gebaut.

Erst im 19. Jahrhundert entstanden in Europa Zoologische Gärten. Ihr Charakter verdeutlichte die Herrschaft der Menschheit über die Tiere. Sie sollten möglichst „blutrünstig“ präsentiert werden. Damals wusste man wenig über die Tiere, entsprechend schlecht waren die Haltungsbedingungen. In den 60er-Jahren des 20. Jahrhunderts erlangte die Wissenschaft bessere Erkenntnisse über die Biologie der Tiere – deshalb änderten sich auch die Haltungsbedingungen. Die Ansprüche der Tiere rückten in den Vordergrund, was zugleich zu rein funktionalen Bauten führte.

Heutige Zoos befinden sich in einem starken Wandel: Einerseits rückt der Freizeit- und Erlebnisgedanke stärker in den Vordergrund. Andererseits werden die Tiere in Gehegen gehalten, die der Natur nachempfunden sind. Dies soll eine Verbindung zwischen Tier und Lebensraum vermitteln. Zumindest die Besucherzahlen geben diesem Konzept Recht: Weltweit gibt es inzwischen über 1.800 solcher Einrichtungen mit über sechshundert Millionen Besuchern jährlich. Mit steigender Beliebtheit erhöhen sich aber zugleich auch die Anzahl der kritischen Stimmen zur Zoohaltung: Leisten Zoos einen Beitrag für den Natur- und Tierschutz?

1: Die historische Postkarte zeigt den Tiergarten Schönbrunn in Wien, der als der älteste noch existierende Zoo der Welt gilt.

## Tierhaltung in Zoologische Gärten

Eine zentrale Kritik lautet, dass Wildtiere ihrem ursprünglichen Lebensraum entrissen und in Gefangenschaft gehalten werden. Diese Kritik ist aus historischer Perspektive sicherlich begründet. Tatsächlich wurden früher Zootiere in freier Wildbahn gefangen und unter widrigen Umständen nach Europa transportiert. Das Bewusstsein und die Gesetzeslage hat sich aber fundamental gewandelt: Heute dürfen keine Tiere mehr für Zoos gefangen werden. Nur in aufwendigen Ausnahmeverfahren dürfen Zoos noch wilde Tiere fangen, wenn es in Zuchtprogrammen nötig wird, um beispielsweise Inzuchten zu verhindern. Praktisch alle Zoos haben sich zur Teilnahme an internationalen Zuchtbüchern verpflichtet, wodurch der Nachwuchs unter den Zoos gesteuert und ausgetauscht wird.

Eine zweite Kritik lautet, dass Wildtiere in Zoos lediglich zur Schau gestellt würden, zur Unterhaltung und zum Vergnügen von Menschen. Auch diese Kritik ist im Kern begründet. So stehen insbesondere Show-Programme (z. B. mit Delfinen, Seelöwen und Orkas) im Zentrum der Kritik, wenn sie weniger der Tierbeschäftigung als der Finanzierung dienen. Solche Shows werden bisweilen damit begründet, dass mit ihnen weniger attraktive bzw. marode Anlagen mitfinanziert werden können.

Selbst im 21. Jahrhundert geben noch viele Haltungsbedingungen Anlass zur Kritik. Diese Mängel sind allerdings häufig auch der zuständigen Zoodirektion bekannt, sie lassen sich aber nur langsam oder unter hohem finanziellen Einsatz beseitigen. Die grundsätzliche Frage lautet daher nicht, ob sich diese Mängel beseitigen lassen, sondern ob es grundsätzlich verwerflich ist, Tiere im Zoo zu zeigen.

Leider wissen wir nicht, was genau in den Köpfen der Zootiere passiert (Abb. 2). Fühlt sich ein Tier „begafft"? Es ist ganz normal, dass wir Menschen zur Beantwortung dieser Fragestellung zunächst unsere Vorstellungen (mit unseren Gefühlen) auf die Vorstellungen von Tieren übertragen. Allerdings sollte man dabei berücksichtigen, dass unterschiedliche Lebewesen ganz anders denken: Ein Orang-Utan käme zu ganz anderen Antworten als ein Kaninchen. Daher muss man die Tiere kennen und anhand von zoologischen Kriterien handeln. Tierhaltung bedeutet in diesem Zusammenhang, einen Kompromiss zwischen Besucherinteressen und Tierwohl zu finden. Beispielsweise kann man für Affen ein Versteck einrichten, sodass sie sich zeitweise den Blicken der Besucher*innen entziehen können.

## Artgerechte Tierhaltung

Eine dritte Kritik lautet, dass die Haltung von Tieren in Zoos grundsätzlich nicht artgerecht sei.

2: Was geht im Kopf eines Zootiers vor?

Was aber genau unter artgerechter Tierhaltung zu verstehen ist, wird ganz unterschiedlich gesehen und gilt als nicht geklärt (→ S. 28).
Zoos müssen daher die Frage nach einer bestmöglichen Tierhaltung offensiv angehen. Eine Möglichkeit kann auch sein, auf einige populäre Tierarten zugunsten von mehr Platz für andere Tierarten zu verzichten. Doch das kann nur funktionieren, wenn diese Idee nicht zu viele Menschen vom Zoobesuch abhält, sodass sie finanziell tragbar ist.

AUFGABEN

1 Beschreibe, wie sich Zoologische Gärten im Laufe der Zeit geändert haben!

2 Erläutere drei zentralen Kritikpunkte an Zoos, die aus deiner Sicht besonders wichtig sind.

3 Überlege, was du alles ändern würdest, wenn du zur Zoodirektion gehören würdest. Begründe deine Entscheidungen.

https://www.fr-v.de/1843010-k2-s27/

# Artgerechte Tierhaltung berücksichtigt arttypisches Verhalten.

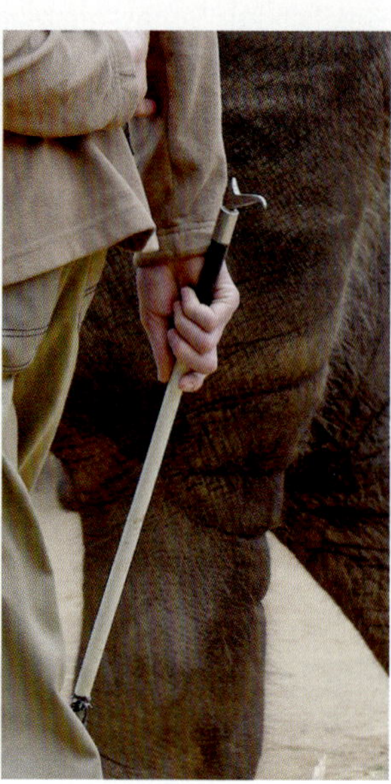

1: Zwei Situationen bei Tieren derselben Art:
a) Asiatische Elefantenhaltung in einem Zoo; b) Asiatischer Elefant in freier Wildbahn

2: Traditioneller Ankus aus Indien

Um Tiere artgemäß zu halten, muss man wissen, wie sie unter natürlichen Verhältnissen leben und welche Bedingungen bei der Haltung realisierbar sind (Abb. 1).

## Leben in freier Wildbahn

In freier Wildbahn leben Asiatische Elefanten getrenntgeschlechtlich. Die Elefantenkühe leben in Rudeln, Elefantenbullen sind Einzelgänger. Nur zur Paarungszeit werden Bullen von den Kühen akzeptiert.

Elefanten leben je nach Nahrungsangebot auf rund 500 Quadratkilometern (das entspricht einer Fläche von ca. 60.000 Fußballfeldern). Aber ihr natürlicher Lebensraum wird immer kleiner: Elefanten werden zur Bedrohung für Menschen, die in Siedlungen leben, und sie können Ernteschäden anrichten. Sie leben deshalb zunehmend nur noch in Nationalparks. Versuchen die Elefanten die Nationalparks zu verlassen, werden sie durch Drähte behindert oder sogar erschossen. Neben den natürlichen Feinden sind auch wildernde Menschen ein Problem, da sie die Elefanten wegen der wertvollen Stoßzähne töten (Abb. 3). Ein vollständiger Schutz vor Wilderern ist auch in Nationalparks kaum möglich.

## Leben im Zoo

Im Zoo müssen Elefanten aufwendig gehalten werden (Abb. 1 a). Elefantenaußengehege sollen mindestens 2.000 Quadratmeter groß sein (das entspricht ca. 1/4 der Fläche eines Fußballfelds). Elefanten müssen im Zoo keine weiten Strecken zurücklegen, um Futter und Wasser zu finden. Bullen leben die meiste Zeit als Einzelgänger in getrennten Anlagen. Mit Kühen werden in den meisten Zoos gezielte Beschäftigungsaufgaben durchgeführt, wie beispielsweise das Anheben des Beines. Solche Übungen haben zugleich eine wichtige Funktion für die Tierpflege:

Sie ermöglichen es erst, dass Tierpfleger*innen das Tier untersuchen und im Krankheitsfall versorgen können. Damit der Elefant diese Übungen durchführen kann, muss die betreuende Person zum (menschlichen) Leittier werden. Hierzu wird ein spezieller Stab (Ankus) benutzt, mit dem die Elefanten geführt werden (Abb. 2).

## Unterschiedliche Bewertungen

Aber welches Tier hat es nun besser: Der Elefant in freier Wildbahn, der mit allen Gefahren leben muss? Oder das Zootier, das zwar in einem Gehege, aber ohne Hunger und Gefahren lebt? Die Antworten auf diese Frage fallen ganz unterschiedlich aus.

Die radikale Tierschutzorganisation PETA meint, dass die Haltung von Elefanten in Zoos Tierquälerei ist, da man Elefanten mit dem Ankus führt oder sich die Position im Elefantenrudel gar mit Schlägen erarbeitet.

Zoologische Gärten sehen das anders: Zoos sollen nach dem Bundesnaturschutzgesetz die Forschung an Tierarten unterstützen, Arten durch Aufzucht und Wiederaussiedlung schützen sowie die Öffentlichkeit über die Tiere informieren.

## Kontakt zu betreuenden Personen

Bei der Elefantenhaltung setzen viele Zoos auf die sogenannte „Hands-on"-Methode. Hierbei erhalten die betreuenden Personen (als ranghöchste Gruppenmitglieder) Zugang zu den Tieren. Im Gegensatz dazu muss bei Bullen mit der „Hands-off"-Methode gehandelt werden: Zoopersonal und Elefanten sind dabei stets getrennt, weil der direkte Kontakt zu gefährlich wäre. Manche sehen die „Hands-off"-Methode auch für Elefantenkühe als die einzig richtige an, weil sie den direkten Kontakt zwischen Tieren und Menschen als nicht artgerecht beurteilen. Befürworter der „Hands-on"-Methode sehen Vorteile, wie etwa Möglichkeiten zur Beschäftigung und medizinischen Versorgung.

Bislang gibt es keine wissenschaftlichen Belege dafür, welche Methode für die Tiere besser ist. Es bedarf hier also weiterer Forschung, auf deren Grundlage man Entscheidungen treffen kann.

3: Besonders Afrikanische Elefanten werden illegal wegen des Elfenbeins ihrer großen Stoßzähne getötet.

ANSICHTEN UND EINSICHTEN

### Artenschutz durch Zootierhaltung

Zoos weisen auf ihre Funktion zur Rettung von bedrohten Tierarten durch „Erhaltungszucht" hin. Hierbei werden Arten insbesondere großer Landwirbeltiere erhalten, deren Bestand gefährdet ist. So wurden beispielsweise Nashörner, Tiger, Leoparden, Antilopen oder auch seltene Papageien erfolgreich gezüchtet. Durch Wiederansiedlungsprojekte sollen sie später ausgewildert werden. Es gibt aber nur wenige gelungene Erfolge: So gelang es beispielsweise eine kleine Affenart, das Löwenäffchen, planmäßig in Zoos zu züchten und wieder in der Natur anzusiedeln. Dieser Ansatz ist aber nicht kritiklos. Es gibt u. a. folgende Einwände: Die Zuchtbemühungen hätten nur eine Alibi-Funktion und gaukeln der Öffentlichkeit vor, dass man Tiere durch Zoos retten kann. Die in Gefangenschaft geborene Tiere haben in der Wildnis keine Überlebenschance, wenn kein geeigneter Lebensraum mehr für sie vorhanden ist oder sie arttypische Verhaltenseisen verlernt haben. Die Gelder für die Zucht wären demnach besser für Schutzprojekte in den Herkunftsländern der Tiere investiert.

Es erscheint jedoch sinnvoll, beide Bemühungen zu koordinieren: Sowohl die Zucht als auch der Schutz der Lebensräume sollten verstärkt werden.

AUFGABEN

1 Informiere dich im Internet über die Biologie vom Asiatischen Elefanten. Beschreibe, was ihre Haltung so aufwendig macht.

2 Erläutere, welche Methode („Hands-on" oder „Hands-off") du für die Haltung von Elefanten sinnvoller findest. Begründe deine Meinung anhand der Eigenart der Tiere.

https://www.fr-v.de/1843010-k2-s29/

# Tiere können fühlen und denken.

Ein Blindenhund leitet die Person, die er begleitet, wie selbstverständlich durch die Stadt, hält an roten Ampeln und führt sie an Hindernissen vorbei. Blindenhunde orientieren sich aber nicht nur an Hindernissen, sie richten sich auch nach der Geschwindigkeit ihrer Begleiter*innen und scheinen in ihrem Verhalten auch zu berücksichtigen, welche Unterstützung der Mensch gerade benötigt. Können sie also fühlen und denken wie ein Mensch und sich in einen Menschen hineinversetzen?

## Gefühle von Tieren

Was in den Köpfen von Tieren vor sich geht, beschäftigt die Menschen der Philosophie und Naturwissenschaft schon lange Zeit und führte zu hitzigen Debatten. Für den Begründer der Evolutionstheorie, Charles Darwin, war es offensichtlich, dass Tiere komplexe Gefühle besitzen. Darwin setzte sich in seinem 1872 erschienenen Buch „Der Ausdruck der Gemütsbewegungen bei Menschen und Tieren“ mit der Frage auseinander, wie Tiere ihre Gemütszustände ausdrücken. Damit widersprach er der damals anerkannten Wissenschaftsmeinung, dass Tiere Automaten ohne Gefühle sind. So hatte sie der Philosoph René Descartes (1596–1650) 200 Jahre zuvor beschrieben (→ S. 14).

Wir wissen heute, dass Blindenhunde nur deshalb so gute Begleiter sind, weil sie Emotionen von Menschen wahrnehmen und interpretieren können. Aber nicht alle Tiere sind zu solchen Leistungen fähig. Bislang sind Emotionen noch lange nicht für alle Tierarten nachgewiesen. Dennoch findet man in der Wissenschaft kaum noch Personen, die nicht wenigstens Säugetieren die zentralen Emotionen wie Freude, Angst und Wut zusprechen. Anders sieht es hingegen mit tief-

1: Ein Blindenhund führt den Menschen sicher durch die Stadt.
Kann er dabei fühlen und denken, wie er sich richtig verhalten muss?

greifenden Emotionen aus, wie z. B. der Trauer. Solche Emotionen werden als exklusive Eigenschaft des Menschen angesehenen. Aus diesem Grund wird wissenschaftlich bezweifelt, dass beispielsweise Elefanten oder Delfine um den Tod eines ihnen nahestehenden Artgenossen trauern.

## Denken der Tiere

Was ist eigentlich „Denken"? Ist es die Fähigkeit, sich Dinge merken zu können, ein Begriffsvermögen und Symbole zu benutzen, das Verständnis für die Motive anderer oder das Bewusstsein über das eigene „Ich"? Alle diese Fähigkeiten sind an ein komplexes Gehirn gebunden. Sie werden als höhere geistige Prozesse bezeichnet. Fachlich werden diese Fähigkeiten unter dem Begriff Kognition zusammengefasst. Mit Kognition wird Denken in einem umfassenden Sinn verstanden. Viele Tiere sind zu kognitiven Leistungen fähig. Diese Fähigkeiten sind nicht plötzlich entstanden, sondern haben sich im Laufe der Evolution über Jahrhunderte bei verschiedenen Lebewesen parallel entwickelt. Beim Erforschen der Kognition von Tieren erfahren wir daher auch immer etwas über die Entwicklung der Menschen. Beispielsweise erbeuten Schimpansen Termiten mit dafür bearbeiteten Stöcken als Werkzeuge oder benutzen Steine zum Knacken von Nüssen. Rabenvögel können beim Verstecken von Nahrung berücksichtigen, dass ihre Artgenossen Diebe sind.

Aber was zeigt ein Hund, wenn er mit dem Schwanz wedelt? Sicher Freude. Manche meinen, dass er dabei denkt. Das trifft nicht zu, denn es muss dabei nur ein einfaches Verhaltensmuster aktiviert werden. Menschen neigen dazu, beobachtetes Tierverhalten nach menschlichen Kriterien auszulegen. Solche Übertragungen vom Menschen auf Tiere werden als Anthropomorphismus bezeichnet und führen in die Irre. Besser ist es zu hinterfragen, ob wir vielleicht etwas in das Verhalten von Tieren hineindeuten, was gar nicht vorhanden ist (→ S. 25).

Tiere denken und beurteilen anders als der Mensch, ihre kognitiven Fähigkeiten sind anders ausgebildet als die des Menschen – dabei aber nicht immer schlechter. Komplexe kognitive Fähigkeiten, wie Sprache und ein differenziertes Urteilsvermögen, befähigen den Menschen jedoch zur systematischen Erkenntnisgewinnung. Diese Fähigkeit des Menschen ist Bedingung für die Entwicklung seiner Kultur und hat weitreichende Folgen für die Gestaltung der Umwelt.

ANSICHTEN UND EINSICHTEN

### Tierbilder

Menschen sprechen Tieren ganz unterschiedliche Eigenschaften zu. Je nach Lebenssituation, Zeitgeist und Bedürfnissen wurden Tiere entweder als „Maschinen" betrachtet, die nur ihrem Instinkt folgen, oder sogar als mitfühlende Lebensgefährten mit komplexen Denkvermögen.

Michel de Montaigne (1533–1592) war ein französischer Jurist, Philosoph und Humanist. Montaigne plädiert dafür, Verhalten stärker zu beobachten und von ähnlichem Verhalten auf ähnliche Fähigkeiten zu schließen. Nach seiner Ansicht passiert in Menschen und Tieren grundsätzlich das Gleiche, wenn sie beispielsweise den Kopf schütteln.

Charles Darwin (1809–1882) war ein englischer Naturforscher. Er ist der Begründer der Evolutionstheorie. Vor ihm galt die strenge Trennung zwischen Körper und Geist, wie sie Descartes vertrat. Für Descartes (→ Seite 14) waren Tiere nichts anderes als mechanisch funktionierende Körper. Darwin hat im Gegensatz zu Descartes Tiere nie als „Maschinenkörper" angesehen. In seinen Artikeln schrieb er nicht nur von der „Scham" seines Hundes, sondern auch von der „Intelligenz" der Regenwürmer. Er führte sogar langjährige Untersuchungen über das Verhalten von Schlingpflanzen in seinem Arbeitszimmer durch.

AUFGABEN

1. Beschreibe, warum ein Blindenhund gut geeignet ist, Menschen zu helfen.
2. Erläutere, was der Hund ausdrückt, wenn er mit dem Schwanz wedelt.
3. Dana (→ S. 24) sagt: „Tiere bekommen nicht wirklich mit, wie es ihnen geht, denn sie können nicht denken oder fühlen." Begründe, dass diese Aussage zu pauschal ist.

https://www.fr-v.de/1843010-k2-s31/

# Artenschutz bedeutet Engagement für Tiere und ihre Lebensräume.

Dian Fossey (1932–1985) war eine US-amerikanische Biologin, die sich als Zoologin und Verhaltensforscherin mit der Erforschung und dem Schutz von Berggorillas beschäftigte. Sie wurde weltweit bekannt, als Ausschnitte aus ihrem Leben 1988 unter dem Titel „Gorillas im Nebel" verfilmt wurden.

Was zuvor für unmöglich gehalten wurde, schaffte Fossey: Durch jahrelange Beobachtungen von Gorillagruppen gelangen ihr bis dahin unbekannte Einblicke in die Familien. Die Berggorillas akzeptierten Fossey als Familienmitglied (Abb. 1), wodurch umfangreiche Studien ermöglicht wurden. Das änderte das bis dahin vorherrschende Bild vom gewalttätigen „King-Kong".

1: Die US-amerikanische Zoologin Dian Fossey mit einem Gorillababy

Später kämpfte Fossey für die Erhaltung des ruandischen Nationalparks und sie ging gegen Wilderer vor, indem sie deren Fallen zerstörte und Parkwächter organisierte. Dian Fossey wurde am Morgen des 27. Dezembers 1985 mit eingeschlagenem Schädel im Regenwald aufgefunden. Ihr Tod konnte nie aufgeklärt werden.

## Bedrohung der Gorillas

Inzwischen sind über 30 Jahre vergangen. Weiterhin sind alle vier Gorilla-Unterarten stark vom Aussterben bedroht. Nach aktuellen Zählungen gibt es nur noch rund 300 Cross River-, 720 Berg- und höchstens 5.000 Östliche Flachlandgorillas. Allein der Bestand des Westlichen Flachlandgorillas scheint mit rund 90.000 Tieren noch halbwegs ungefährdet zu sein.
Aber der Mensch dringt weiter in die Regenwälder vor: Durch Rodungen, Straßen- und Bergbau sowie Besiedlung wird der Lebensraum der Gorillas immer kleiner. Das Vordringen des Menschen und die damit zunehmende Nähe zu den Tieren führt dazu, dass Krankheiten wie Masern oder Tuberkulose auf die Tiere übertragen werden. Wenn hier nicht bald ein Umdenken erfolgt, werden nach Schätzungen der Umweltschutzverbände bis zum Jahr 2030 über 90 Prozent des heute noch vorhandenen Lebensraums der Gorillas verloren sein. Damit die Zerstörung des Lebensraums und Wilderei gestoppt werden kann, müssen weitere Schutzgebiete eingerichtet werden.
Zudem muss die Armut der Menschen in den Entwicklungsländern bekämpft werden. Denn durch die Armut werden Menschen gehindert, Lebensräume zu schonen und sich für die Tiere einzusetzen.

## Unterstützung für Naturschutz

Für den Schutz der Natur setzt sich eine Anzahl von Verbänden ein, hier eine Auswahl:

Der WWF (World Wide Fund For Nature) ist eine der größten und angesehensten Umweltschutzorganisationen der Welt. In über 100 Ländern arbeitet der WWF für den Erhalt der biologischen Vielfalt. Ziel des WWF ist es, die weltweite Umweltzerstörung zu stoppen und eine Zukunft zu gestalten, in der Mensch und Natur im Einklang miteinander leben.

Der Bund für Umwelt und Naturschutz Deutschland e. V. (BUND) ist eine 1975 gegründete Umwelt- und Naturschutzorganisation in Deutschland. Er gehört heute zu den größten deutschen Umweltverbänden. Er engagiert sich für eine ökologische Landwirtschaft und gesunde Lebensmittel, für den Klimaschutz und den Ausbau regenerativer Energien, für den Schutz bedrohter Arten, des Waldes und des Wassers.

Der Naturschutzbund Deutschland e. V. (NABU) ist mit 700.000 Mitgliedern der größte deutsche Umweltverband. Er engagiert sich seit 1899 für Mensch und Natur. Zu den wichtigsten Aufgaben zählen der Erhalt der Lebensraum- und Artenvielfalt, die Nachhaltigkeit der Land-, Wald- und Wasserwirtschaft, der Klimaschutz sowie insbesondere die Vermittlung von Naturerlebnissen und die Förderung naturkundlicher Kenntnisse.

Jane Goodall Institut Deutschland

Das Jane Goodall Institut Deutschland arbeitet an ganzheitlichen Lösungen für Menschen, Tiere und Umwelt. Es steht in der Tradition der wissenschaftlichen, Umwelt- und Friedensarbeit von Dr. Jane Goodall. Sie hat als erste das Verhalten von Schimpansen im Freiland untersucht. Bis heute wird mit modernsten Methoden im Gombe Nationalpark in Tansania die Freilandforschung fortgesetzt. Das 2010 gegründete deutsche Institut hat sich zum Ziel gesetzt, Schimpansen und andere Primaten sowie deren Lebensräume zu schützen.

GREENPEACE

Greenpeace ist eine 1971 in Kanada gegründete internationale Umweltorganisation, die mit direkten gewaltfreien Aktionen für den Schutz der natürlichen Lebensgrundlagen von Mensch und Natur sowie Gerechtigkeit für alle Lebewesen kämpft. Die Organisation konzentriert sich in über 45 Ländern auf Umweltthemen wie Überfischung, globale Erwärmung, Zerstörung von Urwäldern, Atomenergie und Gentechnik.

## WÖRTER UND BEGRIFFE

### Schutz der Natur

**Umweltschutz** bezeichnet alle Maßnahmen, schädliche Folgen (Umweltverschmutzung und Umweltzerstörung) von Eingriffen des Menschen zu vermeiden oder zumindest zu verringern.

**Naturschutz** umfasst alle Untersuchungen und Maßnahmen zur Erhaltung und Wiederherstellung von Natur, wobei sich drei Zielsetzungen unterscheiden lassen: 1) Erhaltung der Vielfalt, Eigenart und Schönheit von Natur, 2) Erhaltung der Leistungsfähigkeit des Naturhaushaltes sowie 3) Erhaltung von Natur, insbesondere der Biodiversität auf der Art-Ebene.

**Tierschutz** umfasst alle Aktivitäten des Menschen, die darauf abzielen, tierlichen Individuen ein artgerechtes Leben ohne Zufügung von Leiden, Schmerzen, Schäden und unnötigen Beeinträchtigungen zu ermöglichen. Beim Tierschutz wollen Menschen das einzelne Tier um seiner selbst willen schützen.

**Artenschutz** umfasst den Schutz und die Pflege bestimmter wildlebender Arten durch den Menschen, entweder aufgrund ethischer oder ästhetischer Prinzipien oder aufgrund ökologisch begründeter Erkenntnisse. Gegenstand des Artenschutzes sind wildlebende Populationen.

## AUFGABEN

1 Nenne die zentralen Probleme, die dazu führen, dass die Anzahl der Gorillas immer weiter abnimmt.

2 Erläutere, was u machen könntest, damit der Lebensraum der Gorillas besser geschützt werden kann.

https://www.fr-v.de/1843010-k2-s33/

# Der Mensch ist auch für Wildtiere verantwortlich.

Wildtiere scheinen unabhängig vom Menschen zu leben. Ihre Lebensräume sind jedoch heute weitestgehend vom Menschen geprägt: Wildnis im Sinne von unberührter Natur gibt es heute kaum noch. Der Mensch hat nahezu alle Gebiete der Erde umgestaltet, das gilt auch für Deutschland (Abb. 1). Viele Wildtiere leben also in einer vom Menschen gestalteten Umwelt und sind daher unmittelbar vom Handeln des Menschen betroffen.

## Schutzgebiete

In Deutschland werden derzeit pro Tag ca. 66 Hektar unbebauter Boden (das entspricht einer Fläche von etwa 100 Fußballfeldern) in bebaute Flächen umgewandelt.

1: Die 16 Nationalparks in Deutschland. Die Karte zeigt, dass es bei uns kaum noch Wildnis gibt: Sie macht lediglich 0,6 % der Landfläche Deutschlands aus.

Um die Lebensmöglichkeiten von Wildtieren zu bewahren, werden u. a. Schutzgebiete eingerichtet, deren Natur einen ursprünglichen Charakter hat und in denen keine ständigen oder größere Siedlungen existieren. Hierzu gibt es verschiedene Schutzkategorien, wie beispielsweise Naturschutzgebiete und Nationalparks. In ihnen müssen Schutz- und Managementmaßnahmen durchgeführt werden, um ihren Charakter zu erhalten. Dieser ursprüngliche Charakter ist für viele Wildtiere besonders bedeutsam und dient auch dem Artenschutz und der Wiederansiedlung bedrohter Arten. Die Bundesregierung hat deshalb eine „Nationale Strategie zur Biologischen Vielfalt" entwickelt. Bis zum Jahr 2020 soll sich die Natur auf mindestens 2 % der Landfläche Deutschlands nach ihren eigenen Gesetzmäßigkeiten entwickeln dürfen. Seltene oder in Deutschland ausgestorbene Tier- und Pflanzenarten sollen wieder eine Heimat bekommen. Zuweilen steht das Lebensrecht von Wildtieren jedoch in Konflikt mit den Interessen der Menschen.

## Fallbeispiel Wolf

Seit der Jahrtausendwende können sich Wölfe in Deutschland wieder vermehren, die hier seit rund 150 Jahren ausgestorben waren (Abb. 2). Die ersten Wölfe wanderten von Osteuropa (z. B. Rumänien) wieder nach Deutschland ein. Inzwischen vermehren sie sich in ihren neuen Revieren.

### Bedrohung von Weidetieren

Mit der Einwanderung des Wolfes sind auch Probleme verbunden. In Baden-Württemberg kam es im Jahr 2018 zu einem Zwischenfall, bei dem 40 Schafe von einem Wolf getötet wurden, der einen Weidezaun überwunden hatte.

„Es war ein Bild des Grauens“, schilderte die Geschäftsführerin des Landesschafzuchtverbandes. Der Vorfall ist für sie ein Beleg für die langgehegte Vermutung: „Weidetierhaltung und Wolf zusammen funktioniert nicht flächendeckend in Baden-Württemberg.“ In der Folge forderten viele Kritiker*innen der Wiederansiedelung des Wolfs den Abschuss der Tiere.

### Ökologische Rolle

Wölfe sind Beutegreifer und ernähren sich überwiegend von Huftierarten oder sogenannten Schalenwildarten wie beispielsweise von Rehen, Rotwild oder jungen Wildschweinen. Allerdings können sie sich auch von Kleinsäugern, Insekten, Früchten und Beeren oder selten auch von Aas ernähren. Dabei besitzen Wölfe eine wichtige Rolle im Ökosystem: Sie erbeuten ausschließlich schwache und kranke Tiere und tragen so zur Gesundheit der Populationen in ihren Revieren bei. Das hat auch einen wirtschaftlichen Vorteil, weil sie Pflanzenfresser wie Rehe und Wildschweine dezimieren, die Verbissschäden verursachen. Wölfe tragen somit positiv zur Vielfalt und Verbreitung von jungen Pflanzen bei.
Allerdings können sich Wölfe auch von Weidetieren ernähren. In östlichen Ländern mit sehr großen Wolfspopulationen ist das Problem geringer, weil Hirtenhunde die Weidetiere schützen. In Deutschland gibt es viele ungeschützte Schafe und Ziegen, die dann zur leichten Beute werden.

### Zusammenleben mit Wölfen

In Deutschland haben viele Menschen Angst vor Wölfen, weil sie glauben, von ihnen angefallen werden zu können. Aber Menschen passen nicht in das Beuteschema von Wölfen, es gibt seit 1850 keinen überlieferten Fall von Angriffen in Deutschland. Auch in anderen Ländern gibt es im Vergleich zu anderen Wildtieren kaum Zwischenfälle mit Wölfen. Wohl aber gibt es viele Märchen über Wölfe: Kein Tier hat ein solch schlechtes Image wie der Wolf. So wird der Wolf vom Rotkäppchen als gefräßiger und hinterhältiger Geselle beschrieben, der sich nicht zu schade ist, seine Gier an einer alten, kranken Frau und einem hilflosen, kleinen Mädchen zu stillen. Auch in anderen Märchen ist die Rolle des Wolfes sehr negativ dargestellt, wie beispielsweise im Märchen der sieben Geißlein. Die Opfer des Wolfs sind hier bereits auf der Hut, weil sie von ihrer Mutter genau wissen, dass sie vom Wolf nichts Gutes zu erwarten haben.
In Ländern wie Rumänien, in denen sehr viele Wölfe leben, werden Wölfe positiver betrachtet als bei uns. Menschen haben gelernt, mit dem Wolf zusammenzuleben. Sie vertreten die Meinung, dass der Mensch mit seinen Weidetieren in das Wolfsgebiet eindringt und der Wolf daher auch das Recht hat (→ S. 18), Tiere zu erbeuten. In Deutschland gibt es hingegen einen großen Konflikt zwischen verschiedenen Interessensvertretern aus dem Jagdbereich, der Politik, Schafzucht- und Naturschutzverbänden. Ihr Konflikt ist der wahre Grund für die gesellschaftlichen Debatten und hitzigen Diskussionen über den Schutzstatus von Wölfen sowie ihr Zusammenleben mit Menschen im heutigen dicht besiedelten Europa.

2: Ein in Deutschland eingewanderter Wolf

AUFGABEN

1 Erläutere, ob der Mensch deiner Meinung nach für Wildtiere verantwortlich ist.

2 Nenne wesentliche Argumente, die für oder gegen den Schutz des Wolfes sprechen.

3 Formuliere eine eigene Position zu der Frage, ob es ethisch vertretbar ist, Wölfe zu töten.

https://www.fr-v.de/1843010-k2-s35/

# Ein Dilemma: Nicht alle Tierarten können geschützt werden.

Laut der biblischen Erzählung wurde Noah von Gott vor einer großen Flut gewarnt, die alles Leben auf der Erde vernichten würde. Noah erhielt den Auftrag, ein großes Boot in Form einer Arche zu bauen, um seine Familie und alle Landtiere vor der Flut zu retten.

Diese Geschichte ist inzwischen über 3.000 Jahre alt. Heute weiß man, dass kein Schiff der Welt groß genug wäre, um die uns bekannten Tierarten aufnehmen zu können. Zudem wissen wir, dass Tiere Lebensräume brauchen, um langfristig zu bestehen. Nach diesen Erkenntnissen müsste man daher vielleicht besser die ganze Erde als eine Form von Schiff betrachten. Dann stellt sich die Frage, wie wir mit dem Schiff und den gegenwärtigen Passagieren umgehen.

## Aussterben der Tierarten

Auch die klügsten Menschen der Welt wissen nicht, wie viele Tierarten es genau gibt. Daher weiß man auch nicht, wie viele Tierarten aussterben. Die Schätzungen sind allerdings erschreckend hoch: Die Zoologischen Gesellschaft London und andere Verbände erstellen alle zwei

1: Eine Zeichnung der Arche Noah, nach der Erzählung in der Bibel

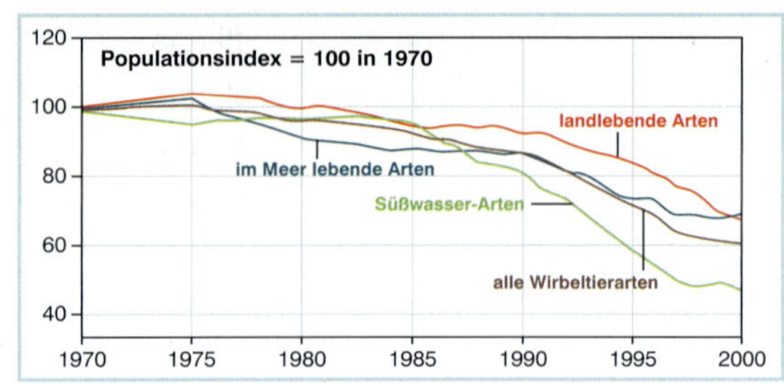


2: Der „Living Planet Index“ veranschaulicht das Artensterben seit 1970.

Jahre den Living Planet Report („Lebender-Planet-Report“). Demnach sind die Bestände von 14.000 untersuchten Tierpopulationen um fast 60 Prozent innerhalb der vergangenen 40 Jahre zurückgegangen (Abb. 2). In der Wissenschaft geht man davon aus, dass pro Tag durchschnittlich drei bis 130 Arten aussterben.

Als Hauptursache hierfür gilt der Mensch. Immer mehr Menschen besiedeln die Erde und nutzen dafür mehr Ressourcen, als nachwachsen können. Aber auch ohne den Menschen würde es in der Natur zu Veränderungen von Arten kommen. Das Entstehen und Aussterben ist ein natürlicher Prozess der Evolution. Man geht jedoch davon aus, dass die derzeitige Aussterberate der Arten das 100- bis 1.000-Fache des natürlichen Werts beträgt. Für viele Arten wird es eng, wie z. B. bei Nashörnern (von dem Nördlichen Breitmaulnashorn gibt es aktuell nur noch fünf Exemplare), Löwen (sie stehen in Westafrika vor dem Aussterben, in Indien gibt es nur noch Restbestände) sowie Walrösser (sie leiden aufgrund des Klimawandels). Aber auch viele andere (weniger bekannte) Tiere verlieren ihren Lebensraum.

## Gefährdungsgrade

Die Anzahl aller gefährdeten Tierarten auf der Erde ist zu groß, als dass wir sie alle schützen könnten: Hierzu fehlen die Ressourcen, wie beispielsweise

Lebensraum, finanzielle Hilfe, politisches Engagement. Notgedrungen müssen daher manche Arten als besonders schützenswert eingestuft werden, andere damit zugleich als weniger wertvoll. Aber wie kann das geschehen? Diese Auswahl wird als eine enorme moralische Herausforderung beschrieben: als Arche-Noah-Dilemma.

Das Dilemma ist eine wissenschaftliche Herausforderung, denn die Auswahl soll wenigstens auf einer fundierten Grundlage erfolgen. Ein Kriterium ist sicher die Seltenheit der Art oder gar einer ganzen Tiergruppe.

Eine Möglichkeit ist, zusätzlich zu ermitteln, welchen Beitrag einzelne Arten für ein funktionierendes Ökosystem leisten. Allerdings gibt es ganz unterschiedliche Ansätze, mit denen sich der Anspruch auf Schutz von Tierarten ermitteln lässt. So hat eine wissenschaftliche Gruppe aus der Zoologischen Gesellschaft London einen sogenannten Edge-Index entwickelt, um über den Schutzbedarf zu entscheiden. Hierbei werden unterschiedliche Faktoren berücksichtigt, wie der Grad der Gefährdung und die stammesgeschichtliche Entwicklung. Als Ergebnis der Berechnungen sagt der Index aus: Je höher der Edge-Wert, desto einzigartiger ist das Lebewesen. Demnach schafft es eine Tierart auf den Spitzenplatz, die kaum jemand kennt: der Attenborough-Langschnabeligel. Das eigenartige Säugetier gehört zur Familie der Ameisenigel, lebt auf Neuguinea und legt Eier (Abb. 3).

Allerdings befinden sich unter den schützenswertesten 100 Arten auch bekannte Tiere wie der Große Panda und der Kleine Panda, Elefanten und Orang-Utans. Sie werden als „Flaggschiff-Spezies“ bezeichnet, weil ihr Schicksal die Menschen stärker berührt als das von unscheinbaren Arten. Entsprechend engagiert setzen sich auch viele Organisationen für den Schutz von „Flaggschiff-Spezies“ ein. Aber inwiefern diese Einteilung in Gefährdungsgrade auch wissenschaftlich sinnvoll ist, muss zumindest kritisch betrachtet werden. Es bleibt die Erkenntnis, dass das Dilemma, welche Tiere in der „Arche Noah Erde“ bewahrt werden sollen, sich nicht eindeutig bzw. nicht fehlerfrei lösen lässt.

3: Der Attenborough-Langschnabeligel – die schützenswerteste Tierart der Erde?

## ANSICHTEN UND EINSICHTEN

### Schutz von Arten oder von Ökosystemen?

Viele im Naturschutz engagierte meinen, dass sich insbesondere „Flaggschiff-Spezies“ wie etwa Tiger, Orang-Utans oder Eisbären besonders gut für den Naturschutz eignen. Denn wenn es ihnen gut gehe, würde in deren „Schatten“ auch das gesamte Ökosystem geschützt werden. Wissenschaftler*innen der University of British Columbia in Vancouver hingegen favorisieren ein Auswahlkriterium, bei dem es nicht um eine einzelne Art geht, sondern um ganze Gruppen von Spezies und deren jeweilige Beiträge zu einem gut funktionieren Ökosystem. Die Argumentation lautet, dass eine funktionale Vielfalt mit vielen Arten wichtig ist, weil sie ein Ökosystem gesund und robust gegen schädliche Einflüsse hält.

## AUFGABEN

1. Beschreibe, welche Aussagen der „Living Planet Index“ (Abb. 2) trifft.
2. Erläutere, was unter dem „Arche-Noah-Dilemma“ verstanden wird.
3. Begründe, welche Kriterien dir besonders für den Schutz von Lebewesen wichtig sind.
4. Auf S. 23 stehen einige Fragen. Beantworte sie so, dass eine Schülerin oder ein Schüler deine Aussagen verstehen kann. Die Informationen in diesem Kapitel helfen dir dabei.

https://www.fr-v.de/1843010-k2-s37/

# Herausforderung Fleischkonsum

3

# Unser Fleischkonsum hat weitreichende Folgen.

1: Meinungen

Schnitzel, Burger, Fleisch- und Wurstwaren werden aus Tieren hergestellt. In Deutschland werden jährlich fünf Millionen Schweine geschlachtet, um unserem Wunsch nach Fleischverzehr nachzukommen. Das entspricht in der Sekunde zwei getöteten Schweinen. Wie kann der Fleischkonsum bewertet werden?

Menschen denken unterschiedlich darüber (Abb. 1). Für Stefan steht die menschliche Gesundheit im Mittelpunkt, für Dana die Welternährung. Alex bewertet die Menschheitsgeschichte unserer Ernährungsgewohnheiten und Greta bezieht die Folgen für die Umwelt mit ein.

Menschen wägen verschiedene Argumente gegeneinander ab. Aber sind alle Argumente moralisch gleich relevant? Ist der Genusswert von Fleisch genauso wichtig wie die Folgen für unsere Gesundheit und unseren Planeten?

## Welchen Vorteil hatte der Fleischkonsum in der Geschichte?

Wissenschaftlich gesehen ist der Verzehr von Fleisch eine wichtige Voraussetzung für die Menschwerdung. Der Vorfahre des modernen Menschen (*Homo erectus*) begann vor rund 1,9 Millionen Jahren, seine vorwiegend vegetarische Ernährung mit Fleisch zu ergänzen. Die Jagd war ein Faktor, der seine Lebensweise veränderte. Er plante Jagdstrategien, entwickelte Waffen, verteilte anstehende Arbeiten und sprach sich mit anderen Menschen ab. Die Jagdbeute wurde in der Gruppe verteilt.

Besonders die sozialen Beziehungen förderten die Entwicklung der Sprache und einer komplexen Kultur. So konnten moderne Lebensformen aufgebaut werden (Zivilisation, → Glossar).

Damit sich das komplexe Gehirn des Jetzt-Menschens (*Homo sapiens*) entwickeln konnte, waren viele hochwertige Nährstoffe nötig, die ohne Fleischverzehr kaum verfügbar gewesen wären. Die Entwicklung des Homo sapiens war also wesentlich mit dem Verzehr von Fleisch verbunden.

## Warum ist Fleisch allgemein beliebt?

Für viele Menschen ist die Freude am Essen mit Fleischgenuss verbunden. Wer mit Freude und Genuss isst, erhält und erhöht damit sein Wohlbefinden und seine Lebensqualität.

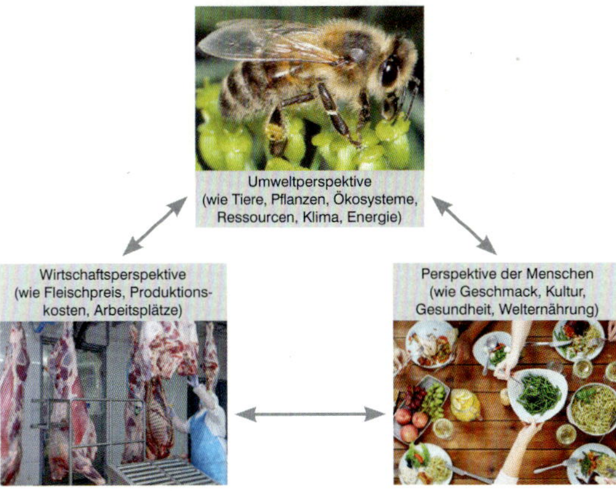


2: Perspektiven zum Bewerten des gegenwärtigen Fleischkonsums

3: Durch die Abholzung des Regenwaldes werden Landschaften und Lebensräume zerstört. Ursache ist unser Fleischkonsum.

Traditionelle Festessen wie die Weihnachtsgans zeigen, wie wichtig Fleisch in unserer Kultur ist. Anders als in der heutigen Zeit, war Fleisch früher nicht immer verfügbar und deshalb sehr wertvoll. Fleisch war etwas ganz Besonderes. Festessen mit Fleisch haben bis in die Gegenwart hohes gesellschaftliches Ansehen.
Der hohe Fleischkonsum wird heute durch billige Preise, Gewohnheit und Werbung gefördert. Das zeigt sich u. a. auch durch die vielen Fitnessgerichte, die durch eiweißreiches und fettarmes Geflügelfleisch gekennzeichnet sind.

## Was ist für die Bewertung des Fleischverzehrs wichtig?

Menschen konsumieren vor allem Fleisch, weil ihnen dieses Lebensmittel gut schmeckt und sie sich an den Verzehr gewöhnt haben. Neben diesen individuellen Gründen hat der Fleischkonsum jedoch globale Folgen für unseren Planeten und seine Bewohner*innen (→ S. 43). Es ist wichtig, die langfristigen Auswirkungen auf die Gesundheit und das Wohlbefinden von Tieren und Menschen sowie auf Umwelt und Wirtschaft zu beachten (Abb. 2). Das Abwägen von mehreren Werten ist selbstverständlich schwieriger, als nur auf den Genuss zu achten. Es ist eine Aufgabe für jeden von uns, ein verantwortliches Urteil zum Fleischkonsum zu fällen. Tierethische Überlegungen sollen dabei helfen (siehe nachfolgende Kapitel).

ANSICHTEN UND EINSICHTEN

### Bewertungen des gegenwärtigen Fleischkonsums

Wenn Menschen den Fleischkonsum bewerten, ist ihr Wohlbefinden ein wichtiges Kriterium. So wie die Personen in Abb. 1 kannst auch du die direkt spürbaren Folgen des Fleischkonsums beachten. Individuelle Aspekte des Fleischkonsums, wie der Geschmack, sind direkt erfahrbar. Die Folgen für Umwelt, andere Menschen und Tiere sind z. T. nicht absehbar. Wir bekommen sie nur indirekt zu spüren. Es ist in Ordnung, individuelle Aspekte in deine Bewertung mit einzubeziehen. Trotzdem solltest du auch tierethische Argumente berücksichtigen: Unser Fleischkonsum wirkt sich dramatisch auf Millionen von Tieren aus. Du solltest dir klar darüber sein, dass auch deine Essgewohnheiten darüber mit entscheiden, ob das Leiden von Tieren vermehrt oder verringert wird.

In der Wissenschaft werden für die Bewertung von Folgen auch komplexe Zusammenhänge betrachtet. Diese Folgen zeigen sich häufig nicht nach kurzer Zeit, sondern oftmals erst nach Jahrzehnten: Sie betreffen die nächsten Generationen, also die der Kinder und Kindeskinder. Aus ökologischer Perspektive ist es zum Beispiel wichtig, die Zusammenhänge zwischen unseren Ernährungsgewohnheiten und dem Klimawandel sowie dem Artensterben zu beachten (Abb. 3). Das erfordert, die Perspektive von den eigenen Bedürfnissen hin zu den weitreichenden ökologischen Folgen zu wechseln.

Alltägliche Bewertungen unterscheiden sich von Bewertungen, in die wissenschaftliche Ergebnisse einbezogen werden. Deshalb ist es wichtig, dass du dich vor deiner Bewertung gut über die verschiedenen Ansichten und deren Begründungen für oder gegen den Konsum von Fleisch informierst (→ S. 43 und 48).

# Massentierhaltung ist ungesund.

Seit den 1970er-Jahren hat sich ein Wandel von der bäuerlichen Nutzung von Tieren zu einer Industrie der Fleischerzeugung vollzogen. Ziel ist gewesen (und ist es auch heute noch), die Tierhaltung wirtschaftlich effizient zu gestalten. Folglich wurden immer mehr Tiere von einer kontinuierlich sinkenden Anzahl an Arbeitskräften gehalten. Das offiziell nicht mehr verwendete Wort „Massentierhaltung" geht auf eine Verordnung aus dem Jahr 1975 zurück. Sie regelte die hygienischen Anforderungen bei der Haltung von mehr als 1.250 Schweinen. Heute wird das Wort weitestgehend gleichbedeutend mit Intensivtierhaltung oder Tierfabriken verwendet.

## Lebensmittelerzeugung

Durch die industrielle Produktion von Tieren können viele tierliche Lebensmittel mit wenig Aufwand und geringen Kosten preisgünstig produziert werden (Abb. 1). Bauernverbände argumentieren, dass die große Nachfrage nach tierlichen Produkten nur durch Massentierhaltung gedeckt werden kann. Wenn Menschen weiterhin so viel Fleisch essen wie heute (oder gar mehr), gibt es keine Chance, sie abzuschaffen oder einzuschränken. Dazu müssten wir viel konsequenter auf Fleisch und tierliche Produkte verzichten.

## Schutz der Tiere

In Massentierhaltungen stehen die Bedürfnisse der Tiere unter den Interessen der erzeugenden Betriebe. Mit Massentierhaltung sind daher die Probleme schlechter Haltungsbedingungen, Tierquälerei, Enge und Krankheit der Tiere verbunden. Wegen der geringen körperlichen und psychischen Auslastung der Tiere treten in der Massentierhaltung oft Störungen in deren Verhalten auf (Abb. 3). Tierhaltung ist jedoch rechtlich durch die gesetzlichen Tierschutz-Bestimmungen geregelt. Amtstierärztliches Personal überwacht die Einhaltung der Vorschriften. Nach Bedarf beraten sie die Verantwortlichen der Betriebe oder erstatten bei einer Gesetzesverletzung Strafanzeige.

## Gesundheit der Tiere

Viele Menschen sind der Meinung, dass die Einhaltung von gesetzlichen Vorgaben (z. B. Tierschutzgesetz, Verordnung zum Schutz landwirtschaftlicher Nutztiere, Tierschutzschlacht-Verordnung) kein ausreichender Tierschutz ist. Stress, Krankheitsanfälligkeit und schnelle Krankheitsverbreitung sind die Folgen von vielen Tieren auf engem Raum. Da sich die tierhaltenden Betriebe oft in einer wirtschaftlichen Zwangslage befinden, stehen sie unter Druck. Es bleibt nicht

Stempelcode:
0 = Ökologische Erzeugung | 1 = Freilandhaltung | 2 = Bodenhaltung | 3 = Käfighaltung

1: Der Stempelcode auf dem Ei gibt die jeweilige Haltungsform an. Auch wenn nur noch selten Eier aus der Kleingruppenhaltung gekauft werden, verzehren wir sie häufig unwissend (z. B. in Eiernudeln).

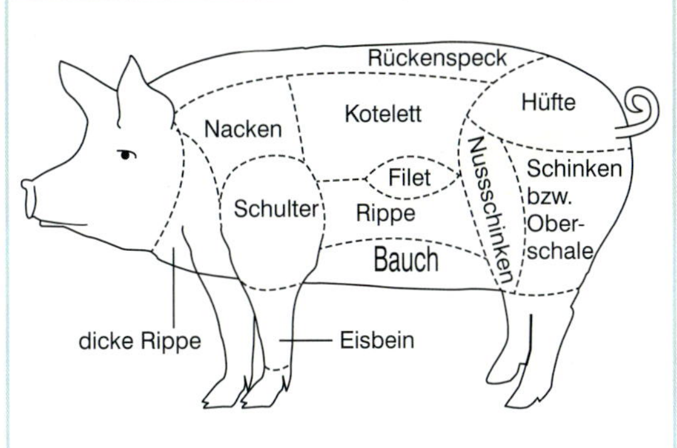


2: Vom Schwein eignen sich fast alle Körperteile als Nahrungsmittel. Selbst das Schweineblut kann zu Blutwurst verarbeitet werden. Innereien, Ohren, Füße werden nach Asien verkauft, um wirtschaftliche Gewinne zu erzielen. So kann der Fleischpreis in Deutschland niedrig gehalten werden.

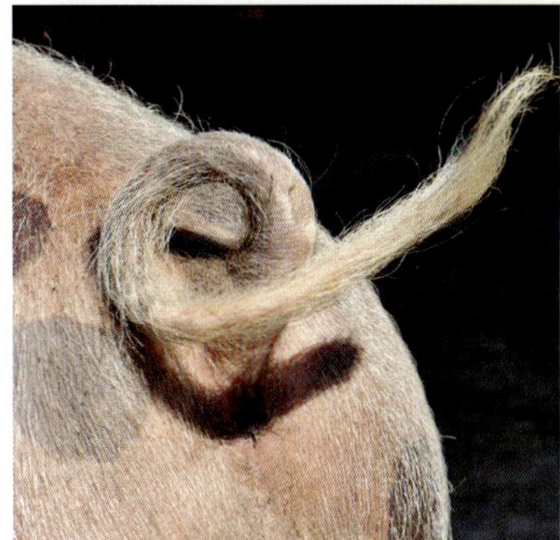

3: Schweine sind neugierige Tiere. In eintönigen Massentierhaltungen kommt es aus Langeweile zum Schwanzbeißen und zu Entzündungen. Deshalb werden die Schwänze häufig gekürzt.

ausreichend Zeit, um sich um die Gesundheit und das Wohlbefinden von Einzeltieren zu kümmern. Oft werden Medikamente, z. B. Antibiotika, eingesetzt, um typischen Gefahren vorzubeugen wie:

- Erkrankungen der Tiere, wie die der Haut oder Herz-Kreislauferkrankungen
- schmerzhafte Bewegungsstörungen und Bewegungsmangel
- erhöhte Aggressionen und Verletzungen durch sozialen Stress
- Todesfälle durch Überbelegung und Ansteckung

Der Medikamenteneinsatz und das Leiden der Tiere könnten durch verbesserte Haltungsbedingungen bedeutend verringert werden.

## Auswirkungen auf den Menschen

Die Massentierhaltung beeinflusst Menschen nachteilig in folgenden Aspekten:

- Gesundheit (→ S. 44)
- Welternährung (→ S. 50)
- Landwirtschaft in den sogenannten Entwicklungsländern (→ S. 48)

## Auswirkungen auf die Umwelt

Auch die Umwelt wird nachteilig beeinflusst (→ S. 48):

- Wasserqualität
- Ökosysteme, Artensterben
- Landflächen- und Futtermittelverbrauch

### WÖRTER UND BEGRIFFE

**Tiergerecht/artgerecht**

In der Umgangssprache ist das Wort „tiergerecht“ mehrdeutig. Häufig verwenden wir dafür das Wort „artgerecht“. In wissenschaftlichen, tiermedizinischen oder gesetzlichen Texten werden die Worte „artgemäß“ oder „tiergerecht“ verwendet.

Obwohl das Wort „artgerecht“ häufig verwendet wird, steht eine wissenschaftliche Definition des Begriffs noch aus.

Sprechen wir von artgerechter oder artgemäßer Haltung, dann stellen wir nicht das Wohlbefinden eines Tieres in den Mittelpunkt, sondern das der Tierart. Das wird einem Individuum nicht gerecht, da nur allgemeine Kriterien berücksichtigt werden. Moderner Tierschutz erfordert, die individuellen und sozialen Bedürfnisse von einem einzelnen Tier zu beachten. In diesem Sinne ist es besser, von einer tiergerechten Tierhaltung zu sprechen.

Massentierhaltung ist eine Haltungsform, die im Einzelfall zwar als artgerecht beurteilt wird, tiergerecht ist sie aber nie.

### AUFGABEN

1. Informiere dich im Internet über die Ringelschwänze von Schweinen. Beschreibe, was ein intakter Ringelschwanz über die Lebensqualität von Schweinen aussagen kann.

2. Erörtere Alternativen zur Massentierhaltung. Überlege, welche Konsequenzen es für das Tierwohl, den Fleischpreis und unsere Gesundheit hat, wenn weniger Tiere pro Fläche gehalten werden.

https://www.fr-v.de/1843010-k3-s43/

# Unsere Gesundheit wird durch großen Fleischkonsum gefährdet.

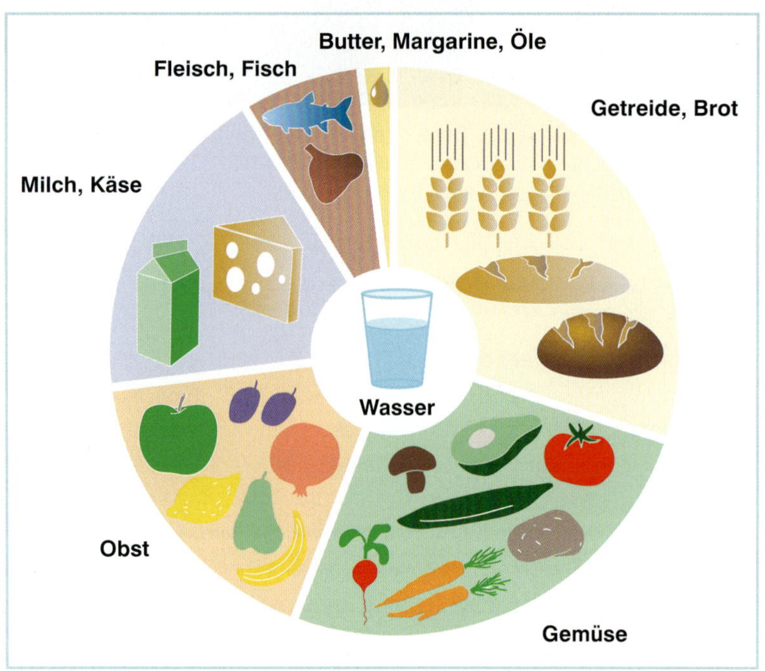


1: Der Lebensmittelkreis zeigt, wie sich gesunde Nahrung ohne viel Fleisch zusammensetzen kann.

2: Die Inuit müssen sich im Winter fast ausschließlich von Fleisch und Fisch ernähren.

Menschen essen Lebensmittel, die aus Teilen von Tieren und Pflanzen erzeugt werden. Die Inhaltsstoffe unserer Lebensmittel können in verschiedene Stoffklassen unterteilt werden. Nährstoffe sind energetisch nutzbare Stoffe: Kohlenhydrate, Fette und Proteine (Eiweiße). Von ihnen benötigen wir größere Mengen.

Vitamine und Mineralstoffe, von denen wir mengenmäßig weniger benötigen, bilden eigene Stoffklassen. Sie sind sehr wichtig für die Regelung von Stoffwechselvorgängen. Damit unser Körper gesund bleibt, brauchen wir ein ausgewogenes Verhältnis von diesen Nahrungsstoffen. Daneben sind genügend Wasser und Ballaststoffe notwendig. Als „Allesfresser“ (→ S. 46) können wir aus einer großen Vielfalt an Lebensmitteln unseren Bedarf decken. Wir haben die Wahl! Wir müssen lediglich darauf achten, uns nicht zu einseitig zu ernähren und bestimmte Lebensmittel nicht zu häufig zu verzehren.

## Inhaltsstoffe von Fleisch

Fleisch enthält als wichtigste Nährstoffe Proteine, daneben Mineralstoffe wie Eisen-, Zinkionen, Selenverbindungen sowie Vitamine $B_1$, $B_6$ und $B_{12}$. Nehmen wir die richtigen Mengen an diesen Stoffen zu uns, ist das gesundheitsförderlich (Abb. 1).

Fleisch versorgt uns mit Stoffen, die wir auch aus anderen Lebensmitteln beziehen können. Fleisch kann daher weitestgehend durch pflanzliche Lebensmittel ersetzt werden. Für Kleinkinder ist allerdings eine rein vegane oder vegetarische Ernährung nur schwer umzusetzen, weil bei ihnen ganz besonders auf eine ausreichende Versorgung mit bestimmten Proteinen zu achten ist. Ab dem Jugendalter kannst du auf Fleisch verzichten oder eine überwiegend pflanzliche Ernährung ein- bis zweimal pro Woche mit Fleisch ergänzen. Erwachsene sollten wöchentlich maximal 300 bis 600 g fettarmes Fleisch, 80 bis 150 g Fisch und drei Eier verspeisen.

## Geschichte unserer Ernährungsweise

Als Sammlerinnen und Jäger waren die Menschen durch ihre Steinwerkzeuge erstmals fähig, größere Tiere zu jagen. Dadurch konnten sie Muskelfleisch, Hirn und Knochenmark als Nahrung zu sich nehmen. Die verschiedenen Lebensräume boten unterschiedliche Nahrungsquellen. Bevor sie hungerten, verzehrten Menschen alles Essbare. In den nördlichen Breiten war pflanzliche Kost in den kalten Jahreszeiten rar, dabei ist die Bereitstellung von viel Energie aufgrund der niedrigen Temperaturen dort besonders notwendig (Abb. 2).

Die meisten Menschen nahmen im Laufe ihrer Evolution durchgehend geringe Mengen an tierlichen Nahrungsmitteln zu sich. Der menschliche Körper ist an diese Ernährungsweise angepasst. Deshalb ist eine überwiegend pflanzliche Ernährung gut für unsere Verdauung und unseren Stoffwechsel.

## Gesundheitliche Risiken

Seit Beginn der Industrialisierung vor über 200 Jahren hat sich der Fleischkonsum in den Industrieländern mehr als verfünffacht. Auf diesen erhöhten Fleischkonsum ist unser Körper nicht eingestellt. Zudem bewegen wir uns heute viel weniger als unsere Vorfahren.

Überhöhter Fleischkonsum sowie Bewegungsmangel gelten als Ursachen von Übergewicht und vielen ernährungsbedingten Krankheiten, wie Diabetes mellitus Typ II (Zuckerkrankheit), Gicht, Arteriosklerose, Bluthochdruck und andere Herz-Kreislauferkrankungen. Der überhöhte Fleischkonsum führt zu einseitiger Ernährung. Für eine ausgewogene und damit gesundheitsförderliche Ernährung sollten wir deutlich weniger Fleisch essen.

**ANSICHTEN UND EINSICHTEN**

### Ernährungsweisen

Das Wort „Vegetarismus“ bezeichnet die Ernährungsgewohnheiten vegetarisch lebender Menschen. Es gibt verschiedene Ausprägungen:

- Ovo-Lakto-Vegetarier*innen meiden Produkte, die von getöteten Tieren stammen. Sie verzehren pflanzliche Nahrungsmittel und Produkte, die vom lebenden Tier stammen (Eier, Milch).
- Veganer*innen ernähren sich ausschließlich von pflanzlichen Produkten. Sie vermeiden alle tierlichen Produkte.
- Frutarier*innen möchten weder Tieren noch Pflanzen Schaden zufügen und ernähren sich ausschließlich von pflanzlichen Produkten, die von der Natur „freiwillig“ abgegeben werden (Obst, Nüsse und Samen). Sie ernähren sich u. a. von Äpfeln, Beeren, Tomaten, Kürbissen oder Erbsen. Der Verzehr von Knollen, Blättern oder Wurzeln wird abgelehnt, da Pflanzen dadurch geschädigt oder zerstört werden.

Es gibt unterschiedliche Gründe und Motivationen für den Vegetarismus:

- religiöse Vorschriften und kulturelle Traditionen,
- tierethische Überzeugungen,
- nachteilige ökologische Folgen,
- Welternährungsprobleme,
- gesundheitliche Aspekte,
- Abneigung gegen den besonderen Geschmack von Fleisch.

Bei sorgfältiger Lebensmittelauswahl gilt eine ovo-lakto-vegetarische Ernährung als gesundheitsförderlich. Aufgrund der stark eingeschränkten Auswahl an Lebensmitteln fehlt Frutarier*innen oftmals eine ausreichende oder ausgewogene Zufuhr an Proteinen, Vitaminen und Mineralstoffen.

Abgrenzend zu den vegetarischen Ernährungsgewohnheiten bezeichnet das Wort „Flexitarismus“, eine überwiegend pflanzliche Ernährung, die nur durch wenig Fleisch ergänzt wird.

AUFGABEN

1 Erkläre, wie ein gesundheitsförderlicher Fleischkonsum aussieht.

2 Beschreibe fünf verschiedene Ernährungsweisen, ordne dich einer davon zu und begründe deine Wahl.

https://www.fr-v.de/1843010-k3-s45/

# Fleischkonsum ist Teil ökologischer Beziehungen.

1: Nahrungskette

Menschen sind in ihrem Lebensraum nicht allein. Sie teilen ihren Lebensraum meist mit sehr vielen anderen Arten von Lebewesen. Eine solche Lebensgemeinschaft sowie der zugehörige Lebensraum bilden zusammen ein Ökosystem. Die Lebewesen eines Lebensraums gehen dabei vielfältige Beziehungen ein. Für das Thema Fleischkonsum sind die Nahrungsbeziehungen zwischen den Lebewesen besonders wichtig. Menschen sind aus der Sicht der Ökologie „Allesfresser", denn sie essen sowohl Teile von Pflanzen als auch von Tieren. Sie stehen somit in Nahrungsbeziehungen zu Pflanzen und Tieren.

## Nahrungsbeziehungen der Lebewesen

Pflanzen nutzen das Licht der Sonne, um Glukose herzustellen und auf dieser Basis eigene Körpersubstanz aufzubauen. Sie stellen damit Biomasse her, sind also Erzeuger (Produzenten). Manche Tiere fressen ausschließlich Teile von Pflanzen. Beispielsweise fressen Eichenspinner-Raupen die Blätter von Eichen. Sie sind Erstverbraucher (Primärkonsumenten). Andere Tiere, wie zum Beispiel die Kohlmeise, fressen Raupen. Solche Tiere nennt man Zweitverbraucher (Sekundärkonsumenten). Betrachtet man einzelne Arten, so bilden sie auf diese Weise Nahrungsketten (Abb. 1). Gemäß der Stellung in einer Nahrungskette lassen sich die Lebewesen eines Ökosystems verschiedenen Trophiestufen zuordnen. Alle Produzenten zusammen bilden die erste Trophiestufe, alle Primärkonsumenten die zweite und so weiter.

## Energie und Biomasse

Die Konsumenten einer Nahrungskette verwenden (direkt oder indirekt) die Biomasse der Produzenten, um erstens erneut eigene

Körpersubstanz aufzubauen und um zweitens Energie für ihre Lebensvorgänge bereitzustellen. Nahrung dient somit einerseits dem Baustoffwechsel und andererseits dem Energiestoffwechsel. Biomasse besteht aus organischen Stoffen. Soweit sie als *Nährstoffe* dienen können, werden sie mit den chemischen Reaktionen der *Zellatmung* energetisch genutzt. Energie wird also im Körper der Organismen durch chemische *exergone Reaktionen* bereitgestellt. Dabei entsteht fast immer auch ein gewisser Anteil an *Wärme*, welche den Körper verlässt. Nur etwa 10 bis 15 % der aufgenommenen Nahrung wird von Tieren in eigene Körpermasse umgesetzt. Ein Teil der als Nahrung aufgenommenen Biomasse wird als Kot oder andere Ausscheidung abgegeben und steht dann Kotfressern zur Verfügung.

Ein Teil der übrigen Biomasse wird in der Zellatmung mit Sauerstoff zu Kohlenstoffdioxid und Wasser umgesetzt. Daher nehmen die Biomasse und mit ihr die energetisch nutzbaren Stoffe in einem Ökosystem von Trophiestufe zu Trophiestufe immer weiter ab: Es entsteht eine typische Biomassepyramide. Von einer Trophiestufe zur anderen nimmt die Biomasse auf jeweils etwa ein Zehntel der vorherigen Biomasse ab (Abb. 2).

## Trophiestufen und Fleischkonsum

Auf welcher Trophiestufe stehen wir? Als Fleischfresser würden wir die Trophiestufen 3 oder 4 belegen, als Pflanzenfresser die Trophiestufe 2 (Abb. 2). Menschen konkurrieren damit mit anderen Tieren.

Etwas vereinfacht gesprochen, benötigen wir für unsere Ernährung eine bestimmte Masse an Nahrung. Wenn wir unsere Nahrung aus den Ökosystemen als Pflanzenfresser entnehmen, steht uns wesentlich mehr Biomasse zur Verfügung, als wenn wir dies als Fleischfresser tun. Denn auch Schweine und Rinder müssen etwas fressen, um zu wachsen und zu leben. Da ein Teil ihrer Nahrung der Energiebereitstellung für Lebensprozesse dient, bauen sie diese nur teilweise in ihre eigene Körpersubstanz ein, bevor wir uns dann von ihrem Fleisch ernähren. Wenn wir uns rein pflanzlich ernähren, steht uns etwa siebenmal mehr Nahrung zur Verfügung, als wenn wir uns ausschließlich von Schweine- oder Rindfleisch ernähren (Abb. 3).

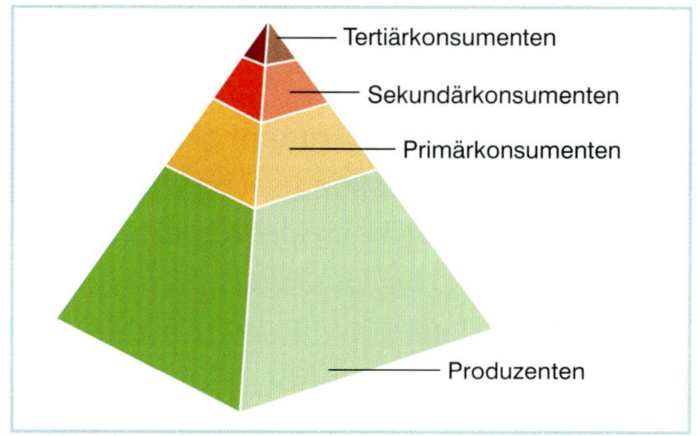


2: Biomassepyramide

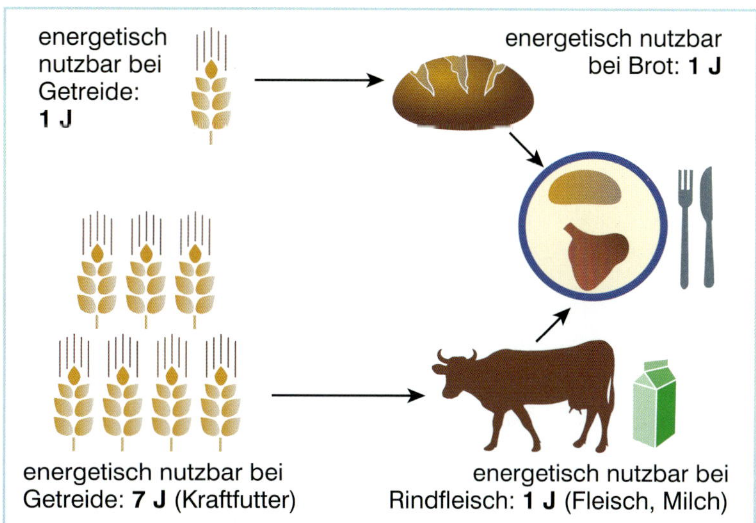


3: Energetisch nutzbare Biomasse in der Nahrungskette des Menschen bei pflanzlicher und tierlicher Nahrung

AUFGABEN

1 Beschreibe drei verschiedene Beispiele für Beziehungen zwischen Lebewesen verschiedener Arten eines Ökosystems.

2 Erkläre, dass die Biomasse von einer Trophiestufe zur nächsten deutlich abnimmt und die Länge einer Nahrungskette begrenzt ist (vgl. Abb. 2).

3 Pflanzenfresser fressen Pflanzen. Allesfresser können sowohl Pflanzen als auch andere Tiere fressen. Erkläre, wo Allesfresser in einer Nahrungskette stehen.

https://www.fr-v.de/1843010-k3-s47/

# Hoher Fleischkonsum hat schwerwiegende Folgen für die Umwelt.

Für Wirtschaftsunternehmen gilt folgender Grundsatz: Die Nachfrage bestimmt das Angebot. Landwirtschaftliche Betriebe sind Unternehmen. Daher wird in der Landwirtschaft wie in Wirtschaftsunternehmen gedacht und gehandelt: Der Betrieb muss Gewinne erwirtschaften. Folglich ist er so ausgerichtet, dass vor allem solche Produkte hergestellt werden, die Gewinne erzielen. Dies sind Produkte, die von vielen Menschen nachgefragt werden. Wenn wir viel Fleisch und Wurst kaufen, werden sich die landwirtschaftlichen Betriebe auf eine gesteigerte Fleischherstellung einstellen und viel Viehzucht betreiben, also viele Schweine, Rinder, Hühner und Puten halten. Allerdings ist die Menge des Fleischkonsums in der Welt je nach Reichtum bzw. Armut und entsprechend der Gewohnheiten der Menschen unterschiedlich verteilt (Abb. 1).

## Benötigte Landflächen

Wenn wir Menschen viel Fleisch konsumieren, verlängern wir damit die Nahrungskette, an deren Ende wir stehen. Und je länger die Nahrungskette ist, desto mehr Biomasse müssen Pflanzen herstellen, damit alle Glieder der Nahrungskette über ausreichend Nahrung verfügen (→ S. 46). Bei hohem Fleischkonsum entziehen wir den Ökosystemen also mehr Ressourcen als bei Ernährung durch Pflanzen.

Damit die von uns in der Landwirtschaft genutzten Pflanzen – als Produzenten in einer Nahrungskette – genügend Biomasse herstellen können, benötigen sie ausreichend Landfläche. Auch hierbei gilt entsprechend: Je länger die Nahrungskette, desto mehr Landfläche wird gebraucht. Wenn wir Tiere halten, brauchen wir also nicht nur die Fläche, auf der die Tiere selbst leben, sondern außerdem die landwirtschaftliche Fläche, die für die Herstellung der Futtermittel notwendig ist. Tierhaltung zur Deckung des Fleischkonsums benötigt also weit größere Landflächen, als der Anbau von reinen Nutzpflanzen.

In Deutschland wird fast die Hälfte der Fläche landwirtschaftlich genutzt (Abb. 2). Nur etwa ein Viertel davon wird direkt zur Herstellung von Nahrungsmitteln für Menschen verwendet. Weit mehr Fläche dient der Futtermittelproduktion für die Tierhaltung.

In Brasilien wird derzeit pro Jahr die dreifache Fläche des Saarlands abgeholzt (= ca. eine Million Fußballfelder). Gründe für diese Rodung der Wälder sind der Flächenbedarf für Viehzucht und vor allem für Sojaanbau, der überwiegend zur Futtermittelherstellung genutzt wird. Der dortige Regenwald fällt also landwirtschaftlicher Nutzfläche zum Opfer. Somit führt die vermehrte Tierproduktion auch zur Zerstörung ganzer Landschaften sowie natürlicher Ökosysteme (→ S. 51).

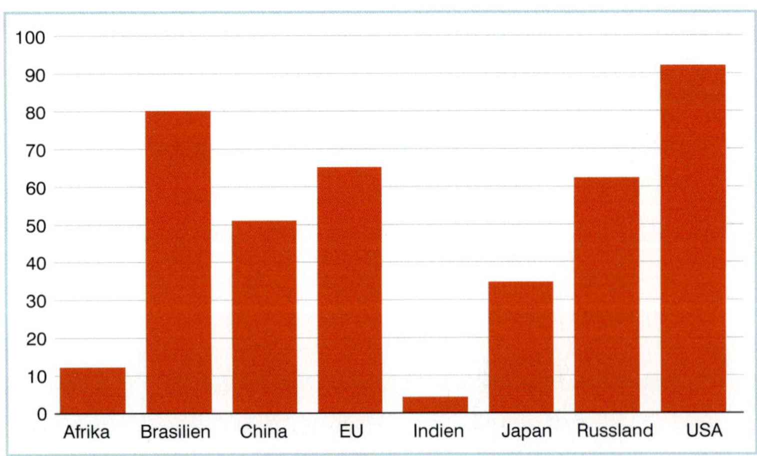


1: Fleischkonsum (Schwein, Rind, Geflügel, Schaf) auf der Welt (in Kilogramm pro Kopf und Jahr, 2018)

## Einfluss auf das Klima

Während des Verdauungsvorgangs von Wiederkäuern (Rinder und Schafe) sowie bei der Lage-

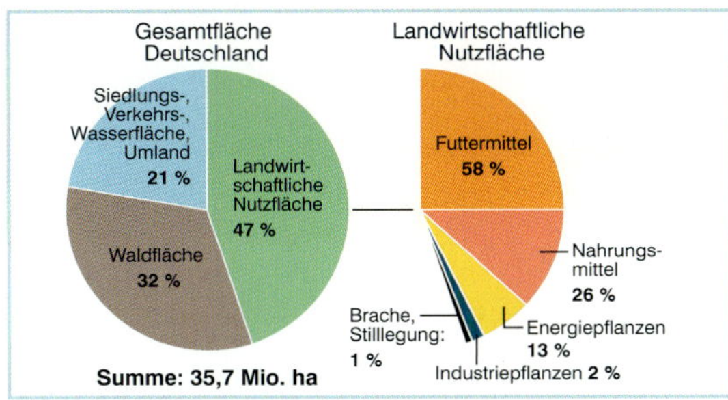


2: Nutzung der Landfläche in Deutschland 2015

rung und Ausbringung von Dünger (Festmist oder Gülle) entsteht das klimaschädliche Gas Methan. Es trägt erheblich zur globalen Erwärmung bei. Die Viehhaltung beeinflusst somit das Klima nachteilig. Dünger bewirkt gleichzeitig den Ausstoß großer Mengen von Stickstoffoxiden. Die heutige, industrielle Landwirtschaft in Deutschland setzt außerdem viel Kohlenstoffdioxid frei. Sie setzt insgesamt fast so viel klimaschädliche Gase frei wie der Straßenverkehr, nämlich rund 13 % aller Treibhausgase. Etwa ein Fünftel der Treibhausgase ließe sich durch die Umstellung auf ökologische Landwirtschaft einsparen: Hier wird weniger Kunstdünger eingesetzt, der u. a. vermehrt klimawirksames Lachgas (ein Stickstoffoxid) freisetzt. Um den Ausstoß von Treibhausgasen langfristig spürbar senken zu können, müssen wir außerdem deutlich weniger Fleisch und Milch produzieren.

## Verfügbarkeit von Wasser

Etwa 8 % des globalen Wasserverbrauchs ist auf Viehhaltung zurückzuführen. Ein Mastschwein verbraucht fast eine Million Liter Trinkwasser. Nicht, weil es so durstig ist, sondern weil es überwiegend dazu gebraucht wird, sein Futter anzubauen. Grundwasserproben zeigen, dass die Nitrat-Grenzwerte für Trinkwasser besonders oft in Regionen mit hoher Viehdichte überschritten werden.

## Anderer Fleischkonsum

Forscher*innen entwickeln weitere Lösungen, um den Umweltproblemen zu begegnen. Der Konsum von Insekten sowie die Erzeugung von Fleisch aus dem Reagenzglas versprechen ethisch verträgliche und nachhaltige Ansätze (Abb. 3). Dadurch könnte der Bedarf an Futtermitteln, Flächen und die negativen Folgen für Mensch, Tiere und Umwelt gesenkt werden.

### AUFGABEN

1. Überlege, was du in den letzten drei Tagen gegessen hast. Nenne daraus die Speisen, die besonders umweltschonend sind.
2. Erkläre, dass die Herstellung von Fleisch weit mehr Landfläche benötigt als die von pflanzlichen Lebensmitteln.
3. Erörtere, woran es liegt, dass in manchen Ländern viel mehr Fleisch gegessen wird als woanders auf der Welt (vgl. Abb. 1).

https://www.fr-v.de/1843010-k3-s49/

3: Bei der Erzeugung von Kunstfleisch sind die ökologisch nachteiligen Folgen geringer als bei herkömmlicher Fleischproduktion. Kann sie zukünftig ohne das Töten von Tieren auskommen?

# Der gegenwärtige Fleischkonsum verstärkt das Welternährungsproblem.

Heute leben fast 8 Milliarden Menschen auf der Erde. Täglich werden es mehr. Die Vereinten Nationen (UN) erwarten im Jahr 2050 fast 10 Milliarden Menschen. Diese Zunahme an Menschen nennen wir explosives Bevölkerungswachstum. Damit möglichst viele Menschen genug zum Leben haben, müssen wir die Ressourcen gerecht verteilen und nachhaltig nutzen (→ S. 52).

## Hunger

Deutschland ist im Vergleich zu vielen anderen Ländern der Erde ein wirtschaftlich starkes Land. Die meisten Menschen leben im Wohlstand. Das ist nicht überall so. Auch wenn theoretisch weltweit genug Lebensmittel für alle Menschen produziert werden, leben über 800 Millionen chronisch unterernährte Menschen auf der Erde. Die meisten hungernden Menschen leben in Süd- und Ostasien und in Afrika (Abb. 2). Jährlich verhungern etwa 30 Millionen Menschen. Die Ursache hierfür ist, dass die Lebensmittel ungleich verteilt sind.

## Futtermittelverbrauch

Mit der wachsenden Anzahl an Menschen und ihrem zunehmenden Wohlstand wächst die Nachfrage an tierischen Produkten. Als Tierfutter werden Nahrungsmittel wie Getreide, Hülsenfrüchte oder Sojabohnen verwendet, die auch direkt der menschlichen Ernährung dienen könnten. Menschen in wirtschaftlich starken Ländern verfüttern Lebensmittel, die von Menschen in wirtschaftlich schwachen Ländern zur Ernährung benötigt werden, an Tiere. Weltweit wird ein Drittel des geernteten Getreides als Tierfutter verbraucht (→ S. 48). Durch die Verfütterung von Nahrungsmitteln stehen Tiere in Nahrungskonkurrenz zu Menschen. Dadurch ist das Leben vieler Menschen bedroht. Die Bevölkerung der westlichen Industrieländer nimmt mehr von der weltweit produzierten

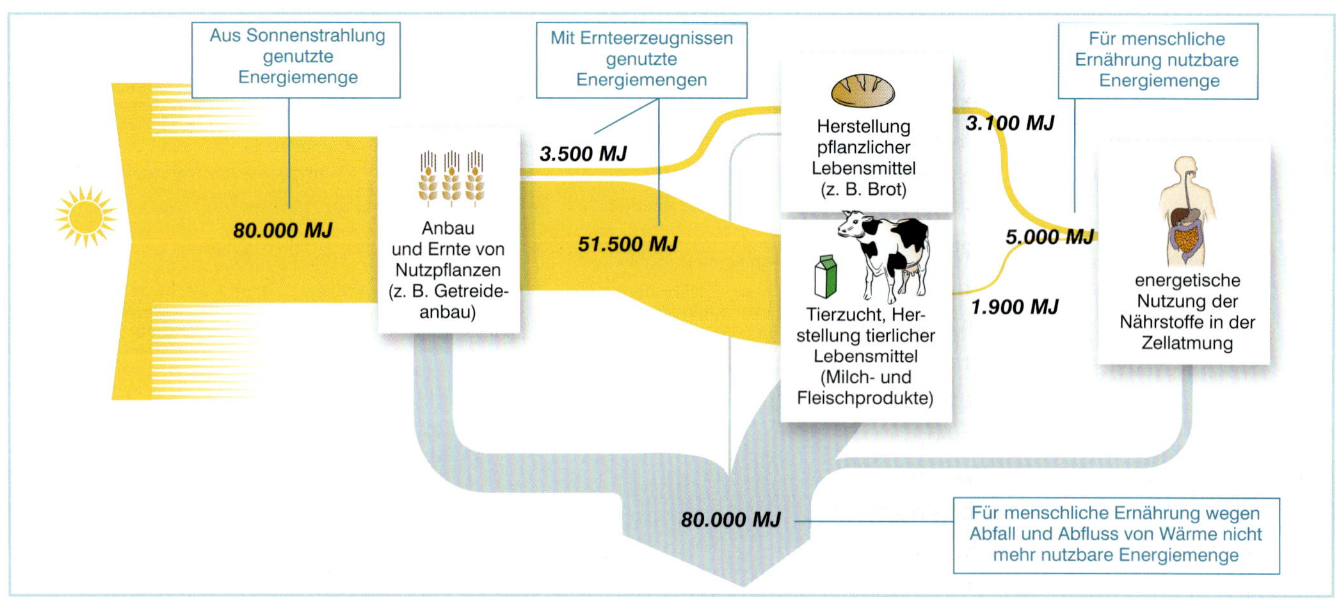


1: Das Flussdiagramm zeigt die Energienutzung der Biomasse in der Lebensmittelkette (Beispiel USA).

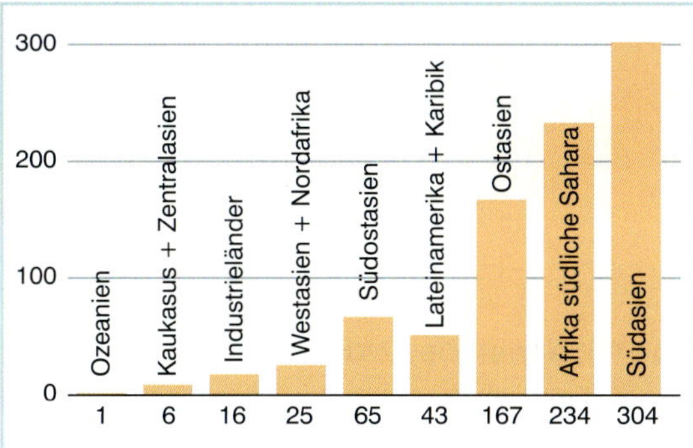


2: Hungernde Menschen in den Ländern der Erde

Nahrungsmenge, als ihr bei einer Gleichverteilung pro Kopf zustehen würde. Bei der Erzeugung von Tierprodukten verfüttern wir pflanzliches Protein (Eiweiß), um tierisches Protein zu gewinnen. Diese sogenannten Veredelungsverluste sind bei jedem tierischen Produkt anders. Bei Rindfleisch sind sie besonders hoch. Die Rinderhaltung hat im Vergleich zur Schweinehaltung aber den Vorteil, dass Rinder nicht in direkter Nahrungskonkurrenz zum Menschen stehen. Sie können anders als Menschen oder Schweine Zellulose (Gras) verdauen.

## Beanspruchung von Flächen

Der Anbau von Futtermitteln benötigt entsprechende Ackerflächen (→ S. 48). In Deutschland reichen die Flächen zur Futtermittelerzeugung nicht mehr aus. Um die Tiere mit ausreichend Futter versorgen zu können, kaufen wir Getreide von anderen Ländern. Für ärmere Länder ist das ein Problem. Durch unseren Fleischverzehr nehmen wir von der global bestehenden Flächenmenge mehr als uns infolge einer Gleichverteilung zustehen würde. So hat die dortige Bevölkerung weniger Flächen zur Erzeugung von eigenen Nahrungsmitteln übrig. Sie steht in Flächenkonkurrenz mit unseren Tieren. Würden wir weniger tierliche Produkte konsumieren, würde dauerhaft auch weniger Futtermittel aus armen Staaten in reiche Länder gebracht werden. Die Flächen würden für die Ernährung der dortigen Bevölkerung zur Verfügung stehen: Das Getreide könnte direkt verzehrt und gerecht aufgeteilt werden.

## ANSICHTEN UND EINSICHTEN

### Gerecht

Sprechen wir von einer gerechten Aufteilung von Dingen, dann verwenden wir eine Ausgleichs-Metapher: das Bild einer Waage. Gerechtigkeit verstehen wir als eine Bilanz von materiellen oder immateriellen Dingen. Es gilt als moralisch, dass jeder das bekommt, was er „verdient“. Was aber im Einzelnen als gerecht verstanden wird, unterscheidet sich: Für manche Menschen ist es gerecht, wenn ein Gut unter allen Menschen gleich verteilt wird, also jeder Mensch den gleichen Anteil bekommt:

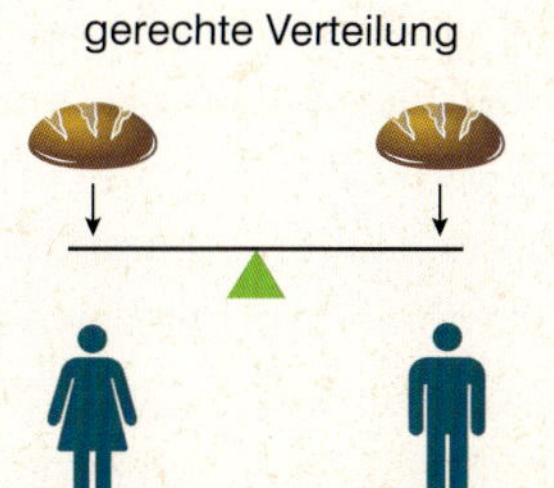


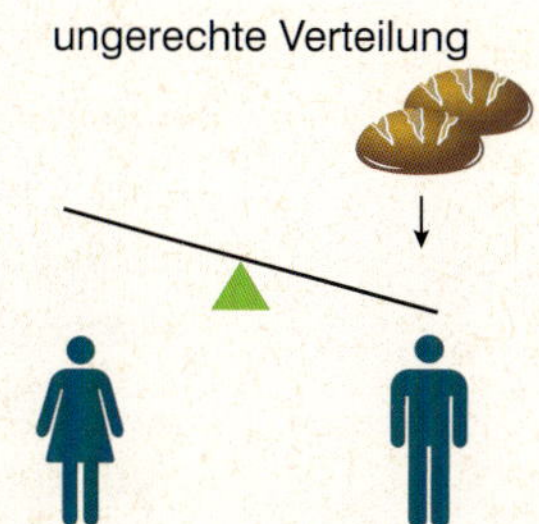


Andere finden es gerecht, wenn jeder das bekommt, was er braucht. Wieder andere Individuen finden es gerecht, wenn jeder so viel bekommt, wie er oder sie dafür geleistet hat.

## Abhilfe: Veränderter Fleischkonsum

Wissenschaftler*innen haben berechnet, dass bei einem Verzicht auf Fleisch und anderen Tierprodukten die Landwirtschaft in den Industrieländern mehr als doppelt so viele Menschen ernähren könnte wie derzeit. Würde sich beispielsweise die gesamte US-Bevölkerung vegan ernähren, könnten 350 Millionen Menschen zusätzlich ernährt werden.

AUFGABEN

1 Erläutere, dass die Herstellung von viel Fleisch ein Problem für die Welternährung ist.

2 Beschreibe mithilfe des Flussdiagramms (Abb. 1) die Folgen des Fleischkonsums. Werte das Diagramm besonders hinsichtlich der Folgen für die Menschen aus.

3 Finde eine Lösung für das Welternährungsproblem, die für dich gerecht wäre.

https://www.fr-v.de/1843010-k3-s51/

# Unser Fleischkonsum muss nachhaltig werden.

Der Planet Erde ist unsere Lebensgrundlage. Unser Leben beruht auf Ressourcen, die wir auf der Erde vorfinden. Ressourcen sind zum Beispiel Rohstoffe oder Gebrauchsstoffe wie Holz, Erdöl oder Eisen. Als Ressourcen werden aber auch Wohnraum, Nahrungsmittel, Trinkwasser oder saubere Luft zum Atmen verstanden. Mit Ressourcen meinen wir hier also alles, was man zum Leben braucht. Wir müssen sehr genau darauf achten, dass auf der Erde auch künftig genügend Ressourcen zum Leben der Menschen vorhanden sind und bleiben (Abb. 1).

## Nachhaltigkeit

Damit die Ressourcen der Erde langfristig in ausreichenden Mengen zur Verfügung stehen, müssen wir sie nachhaltig nutzen.

Der Begriff Nachhaltigkeit kommt ursprünglich aus der Forstwirtschaft: Demnach darf man nicht mehr Bäume fällen als nachwachsen können. Diese Idee gilt heute auch für andere Ressourcen. Das Prinzip der Nachhaltigkeit bedeutet, dass in einem System nicht mehr verbraucht werden darf, als in diesem System jeweils nachwachsen, sich regenerieren oder künftig wieder hergestellt werden kann. Weil manche Ressourcen praktisch nicht erneuerbar sind, wie zum Beispiel Erdöl, muss man mit diesen besonders sparsam umgehen. Ein System soll durch nachhaltiges Handeln also dauerhaft stabil bleiben und seine wesentlichen Eigenschaften bewahren. Nachhaltigkeit wird somit zum allgemeinen Handlungsprinzip.

## Drei-Säulen-Modell der Nachhaltigkeit

Das Drei-Säulen-Modell der Nachhaltigkeit ist das Ergebnis einer langen gesellschaftlichen Diskussion. Personen aus Politik, Wissenschaft, Unternehmen, Naturschutz und viele andere Bürger*innen bemühten sich dabei um eine gemeinsame und moderne Sichtweise zur Nachhaltigkeit.

Im Jahr 1987 formulierten die „Vereinten Nationen" (United Nations, UN): „Eine nachhaltige Entwicklung vermag die Bedürfnisse der heutigen Generation zu decken, ohne die Möglichkeiten künftiger Generationen zur Befriedigung ihrer eigenen Bedürfnisse zu beeinträchtigen." Dies war der Beginn, über Nachhaltigkeit weltweit nachzudenken. Heutige Sichtweisen zur Nachhaltigkeit vereinen jeweils gleichberechtigt eine ökologische, ökonomische und soziale Perspektive (Abb. 2).

Eine nachhaltige Entwicklung in diesem Sinne zu erreichen, ist das erklärte Ziel vieler Länder, deren Bevölkerung sowie deren Regierungen.

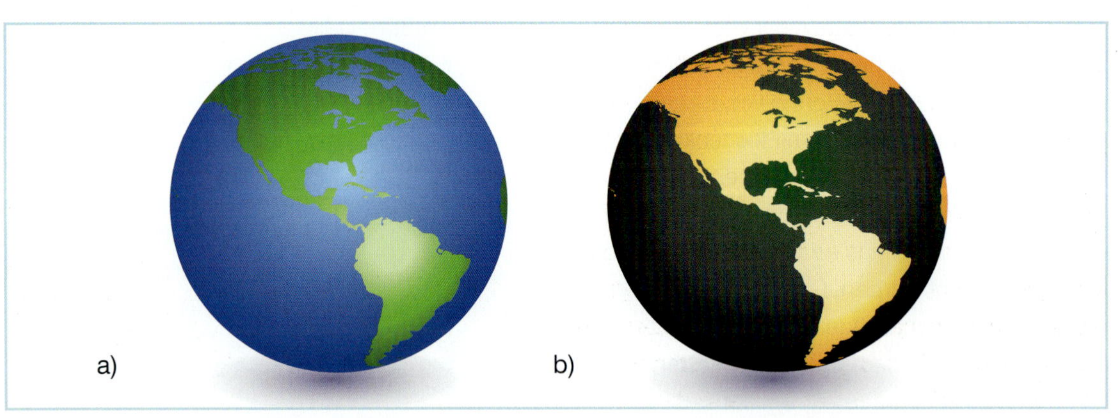


1: (a) Aus dem Weltraum sieht die Erde heute blau und grün aus. (b) Wie wird sie in 100 Jahren aussehen? Schwarz und gelb?

2: Drei-Säulen-Modell der Nachhaltigkeit

### Ökologische Perspektive

Die Ökologie befasst sich mit den Beziehungen von Lebewesen untereinander und zu ihrer unbelebten Umwelt. Betrachtet werden dabei Ökosysteme, also die verschiedenen Lebensräume mit deren natürlichen Bewohner*innen. Ziel von Umweltpolitik ist es, Natur und Umwelt zu erhalten. Ökologisch nachhaltig ist eine Lebensweise, welche die natürlichen Lebensgrundlagen in den verschiedenen Ökosystemen nur in dem Maße beansprucht, wie diese sich regenerieren.

### Ökonomische Perspektive

Die Ökonomie untersucht den Umgang mit Geld sowie die Herstellung von Produkten und deren Handel. Eine Gemeinschaft sollte nicht mehr Geld ausgeben als sie Einnahmen verzeichnet oder mehr Produkte verbrauchen als sie herstellen kann. Sie sollte also nicht über ihre Verhältnisse leben. Eine Wirtschaftsweise gilt dann als nachhaltig, wenn sie dauerhaft betrieben werden kann.

### Soziale Perspektive

Eine Gemeinschaft oder ein Staat sollten so organisiert sein, dass die Menschen dort möglichst friedlich zusammenleben können. Soziale Spannungen sollen sich in Grenzen halten und Konflikte nicht eskalieren. Dies wird meist durch soziale Gerechtigkeit erreicht. Es sollte also zum Beispiel genügend Wohnraum, Essen, Bildungsmöglichkeiten und angemessene Arbeit vorhanden sein. Dies gilt sowohl für die Menschen innerhalb eines Staates als auch für alle Länder der Erde (globale Gerechtigkeit) wie auch für künftige Generationen (Generationengerechtigkeit). Zur globalen Gerechtigkeit gehört auch, den zunehmenden Unterschied zwischen armen und reichen Menschen nicht noch größer werden zu lassen. Dieser Unterschied zwischen Arm und Reich ist oft eine der Hauptursachen für Spannungen, Konflikte und Kriege.

ANSICHTEN UND EINSICHTEN

### Rolle des Menschen in der Natur

Wie siehst du deine Rolle in Beziehung zum Planeten Erde? Und in der Natur? Die eigene Vorstellung zur Rolle des Menschen in der Natur ist wichtig, um ein angemessenes Verständnis für Nachhaltigkeit zu entwickeln. Es gibt zum Beispiel folgende Vorstellungen:

- Der Mensch steht gegen die Natur. Er ist nur ein Störenfried.
- Der Mensch selbst ist Natur.
- Der Mensch steht außerhalb der Natur. Er hat eine Sonderstellung.

Diese Vorstellungen sind nicht „falsch“, greifen aber zu kurz, um die besondere Beziehung des Menschen zur Natur angemessen zu beschreiben.

Um eine nachhaltige Lebensweise dauerhaft für die Zukunft zu etablieren, ist folgende Vorstellung hilfreich:

Der Mensch ist zugleich ein Teil und ein Gegenüber der Natur.

Mit der Doppelrolle des Menschen als Teil und Gegenüber schlagen wir eine Brücke. Wir erkennen unsere besondere Verantwortung als Menschen gegenüber der Natur. Wir sind es, die die Initiative des Handelns ergreifen müssen. Da wir ein Teil der Natur sind, wirkt unser Handeln immer auch auf uns selbst zurück: Mit dem Verhalten gegenüber der Umwelt handeln wir gleichzeitig für oder gegen unseren eigenen Lebensraum und für oder gegen unsere eigene Zukunft.

AUFGABEN

1. Nenne für die drei Perspektiven der Nachhaltigkeit jeweils drei Ressourcen, die aus deiner Sicht besonders wichtig sind.
2. Erkläre, dass der Planet Erde aus dem Weltraum in 100 Jahren womöglich gelb und schwarz aussehen könnte (Abb. 1).
3. Auf. S. 39 sind einige Fragen zum Fleischkonsum aufgeführt. Versuche, diese Fragen so zu beantworten, dass eine Schülerin oder ein Schüler der 7. Klasse die Antworten verstehen. Die Seiten dieses Kapitels helfen dir dabei.

https://www.fr-v.de/1843010-k3-s53/

# Alles klar?

https://www.fr-v.de/1843010-alles-klar/

Die Aufgaben auf dieser Seite dienen dir zur Selbstkontrolle.
Mit ihnen wird vor allem nach Zusammenhängen zwischen den Themen der Kapitel gefragt.

1. Eine Mitschülerin meint: „Es ist kein moralisches Problem, Fleisch von gejagten Wildtieren (z. B. Reh, Rebhuhn, Wildschwein) zu essen." Beurteile die Aussage unter Berücksichtigung von umwelt- und tierethischen Positionen (Anthropozentrismus, Pathozentrismus, Biozentrismus, Ökozentrismus).

2. Erstelle eine Tabelle und trage die Argumente zusammen, die für und gegen die industrielle Nutzung von Tieren für Nahrungsmittelzwecke sprechen.

3. In deinem Wohnort soll eine Massentierhaltung (Kleingruppenhaltung von Legehennen) errichtet werden. Schreibe einen Brief an den Gemeinderat, indem du stattdessen für mobile Hühnerställe wirbst.

4. Erkläre den Unterschied zwischen einer artgerechten und einer tiergerechten Tierhaltung.

5. Eine Mitschülerin meint: „Tiere stehen unter den Menschen und sind in unserer Gesellschaft minderwertig. Der Mensch ist der Herr über die Tiere." Erläutere unter Berücksichtigung einer Ethik mit und ohne Hierarchien, wie Menschen (deiner Meinung nach) mit Tieren umgehen sollten.

6. Jeden Tag Fleisch zu essen, ist in Deutschland aufgrund der günstigen Fleischpreise für die meisten Menschen kein Problem. Begründe, warum es sinnvoll wäre, höhere Fleischpreise einzuführen.

7. Menschen und Tiere besitzen gemeinsam Vorfahren. Und doch machen wir Unterschiede zwischen ihnen aus. Begründe, worin sich Menschen und Tiere hinsichtlich der Fähigkeiten zu denken und zu fühlen gleichen und unterscheiden.

8. Erläutere, welche Möglichkeiten und Grenzen Zoos haben, um einen effektiven Beitrag zum Artenschutz zu leisten.

9. Das Bild, wie Menschen Tiere betrachten, hat sich im Laufe der Geschichte stark geändert. Vergleiche dazu die Auffassungen von René Descartes und Charles Darwin.
   Erläutere, welches Bild von Tieren durch Ergebnisse der Kognitionsforschung gestützt wird.

10. Ein Mitschüler meint: „Wenn die Menschen in den Industrieländern weniger Fleisch essen als bisher, hilft das der globalen Gerechtigkeit."
    Begründe diese Aussage.

11. Erstelle eine Tabelle, in der du Gründe für und gegen täglichen Fleischverzehr gegenüberstellst.

12. Erläutere die drei Säulen der Nachhaltigkeit. Leite aus diesen drei Perspektiven je eine begründete Stellungnahme zum gegenwärtigen Fleischkonsum ab.

13. Deine Vorstellungen, wie du dich selbst in Bezug zur Natur siehst, beeinflussen maßgeblich dein Verhalten. Erläutere diesbezüglich typische Zusammenhänge zwischen Vorstellung und Verhalten.

14. Nenne und begründe die drei dir wichtigsten Aussagen, die du durch die Arbeit mit diesem Buch gelernt hast oder dir bestätigt wurden.

# Glossar

https://www.fr-v.de/1843010-glossar/

Die mit Seitenverweisen versehenen Begriffe sind im Text blau markiert. Die hier erläuterten Begriffe stehen im Text kursiv.

## A

Anthropomorphismus ... → S. 24, 25
Anthropozentrismus ... → S. 16
Arche-Noah-Dilemma ... → S. 36
Arten-Hierarchismus ... → S. 6
Artenschutz ... → S. 33

## B

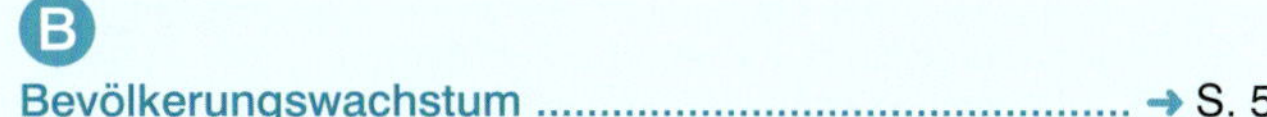

Bevölkerungswachstum ... → S. 50
**Biomasse** bezeichnet die von Lebewesen hergestellte Körpersubstanz von Pflanzen und Tieren. Man unterscheidet lebende Biomasse und abgestorbene, tote Biomasse.
**Biozentrismus** ist ein ethisches Modell, das allem „Lebendigen" den gleichen ethischen Eigenwert zuschreibt.
**Borreliosen** sind Infektionskrankheiten, die von Bakterien der Gattung Borrelia verursacht werden. Die Infektion durch Zecken ist in ganz Deutschland möglich, anfänglich mit Symptomen einer Grippe. Sie hat unbehandelt schwere körperliche und psychische Spätfolgen. Meist ist die Infektion nach einem Zeckenbiss an einer Wanderröte erkennbar, die typischerweise aus einer Rötung mit einem umgebenden roten Ring besteht.

## E

Eigenart ... → S. 12
Egalitarismus ... → S. 8
**exergone Reaktion.** Exergon oder exergonisch sind Reaktionen, die – abgesehen von zugeführter Aktivierungsenergie – freiwillig ablaufen. Exergone sind von exothermen Reaktionen zu unterscheiden, da exergone Reaktionen Energie nicht nur thermisch übertragen.

## F

Flexitarismus ... → S. 45
**FSME** (Früh-Sommer-Meningo-Enzephalitis) ist eine durch das FSME-Virus verursachte Infektionskrankheit, die durch Zeckenbiss übertragen wird. Sie kann zu Entzündungen im Gehirn und in Hirnhäuten führen, bei einem Teil der Infizierten gibt es jedoch keine Symptome. Eine vorbeugende Impfung wird in Risikogebieten empfohlen.
Funktions-Hierarchismus ... → S. 7

## G

Generationengerechtigkeit ... → S. 53
Gleichheitsprinzip ... → S. 8
globale Gerechtigkeit ... → S. 53
**Great Ape Projekt** ist eine internationale Initiative, welche bestimmte Grundrechte wie Recht auf Leben und Schutz der individuellen Freiheit für Menschenaffen wie Schimpansen, Gorillas und Orang-Utans fordern.

## H

**Hominide** bezeichnet eine Familie der Primaten, und zwar die Familie der Menschenaffen.
**Homo erectus** ist eine ausgestorbene Art der Gattung Homo (Mensch).
**Homo sapiens** ist die einzige heute noch lebende Art der Gattung Homo (Mensch).

## K

Kognition ... → S. 31
Konsumenten ... → S. 46

## L

Living-Planet-Report ... → S. 36

## M

Massentierhaltung ... → S. 42
Merkmals-Hierarchismus ... → S. 7

## N

Nachhaltigkeit ... → S. 52
**Nährstoffe** sind Stoffe, die von Lebewesen zu deren Lebenserhaltung aufgenommen und im Stoffwechsel verarbeitet werden. Gemäß der in diesem Buch verwendeten Definition werden nur energetisch nutzbare Stoffe als Nährstoffe bezeichnet. Mineralstoffe und Vitamine zählen daher nicht zu den Nährstoffen, → Nahrungsstoffe
Nahrungskette ... → S. 46
Nahrungsstoffe ... → S. 44
Naturschutz ... → S. 33

## Ö

Ökologie ... → S. 46, 53
Ökonomie ... → S. 53
Ökosystem ... → S. 46
Ökozentrismus ... → S. 17

**P**

Pathozentrismus ➜ S. 16
Physiozentrismus ➜ S. 17
Primärkonsumenten ➜ S. 46
Produzenten ➜ S. 46

**R**

Ressourcen ➜ S. 52

**S**

Schöpfung ➜ S. 21
Schutzgebiete ➜ S. 34
Sekundärkonsumenten ➜ S. 46
soziale Gerechtigkeit ➜ S. 53

**Speziesismus** bezeichnet die moralische Diskriminierung (Abwertung) von Lebewesen aufgrund ihrer Artzugehörigkeit.

**T**

Tierethik ➜ S. 5, 16, 20
Tierwohl ➜ S. 25
Tierrechte ➜ S. 18
Tierschutz ➜ S. 33
Tierschutzgesetz ➜ S. 19

**Treibhausgase** sind Gase in der Atmosphäre, deren Moleküle Sonnenstrahlung absorbieren und Wärme später wieder in die Atmosphäre abgeben. Es sind insbesondere Kohlenstoffdioxid, Methan und Wasserdampf.

Trophiestufen ➜ S. 46

**U**

Umweltethik ➜ S. 16
Umweltschutz ➜ S. 33

**V**

Vegetarismus ➜ S. 45

**Wärme** Die physikalische Bedeutung von Wärme unterscheidet sich von der umgangssprachlichen dadurch, dass sie nicht als Zustand, sondern als Prozessgröße definiert ist: Wärme ist der Energiefluss, der von Systemen höherer Temperatur zu Systemen niedrigerer Temperatur stattfindet.

**Z**

**Zellatmung** ist ein Stoffwechselweg, bei dem durch Umsatz energetisch nutzbarer Stoffe mit Sauerstoff Energie bereitgestellt wird.

**Zivilisation** bezeichnet moderne Lebensbedingungen, die durch den technischen und wissenschaftlichen Fortschritt aufgebaut und verbessert wurden. ➜ S. 40

## Bildnachweise

S. 2: © Željko Stevanić/stock.adobe.com (Kükenzucht), © United Archives GmbH/Alamy Stock Foto (Jane Goodall), © Countrypixel/stock.adobe.com (Hühner), © aimy27feb/stock.adobe.com© (Schweinetransport), MyArtisticView/stock.adobe.com (Mädchen mit Pferd)
S. 3: Illustration Huhn: Freepik from www.flaticon.com
S. 5: © Ste2.0 /stock.adobe.com
S. 6: © Cruelty Free International
S. 8: © Mint Images Limited/Alamy Stock Foto
S. 9: © Granger, NYC./Alamy Stock Foto
S. 10: Illustration: © Erhard Poßin
S. 11: Illustration: © Fred Butzke
S. 12: © Herby (Herbert) Me/stock.adobe.com (Rollstuhlfahrerin), © demphoto/stock.adobe.com (Baby), © denys_kuvaiev/stock.adobe.com (behinderter Mensch), © Bettmann/Kontributor/getty images (Schimpansin Lana)
S. 13: © Johanna Hanno (Biologin Heike Vester), © PIXATERRA/stock.adobe.com (Orcas)
S. 14: © The History Collection/Alamy Stock Foto
S. 15: © Viviane Krejci (Hund), © Nadine Tramowsky (Katze)
S. 16: © robsonphoto/stock.adobe.com (Menschenschatten), © Martina Berg/stock.adobe.com (Gehege), © Olivier Brandes/stock.adobe.com (Edelweiß), © Like/stock.adobe.com (Natur)
S. 17: © Ludwig Huber, Wien (Schweine, Freiland), © Dario Sabljak/stock.adobe.com (Schweine, Massenzucht), © Richard Carey/stock.adobe.com (Schildkröte)
S. 18: © Bettmann/Kontributor/getty images (Schopfmakak Naruto), © FLHC 96/Alamy Stock Foto (Elefantenkuh Mary)
S. 19: © World History Archive/Alamy Stock Foto
S. 20: © picture alliance/dpa
S. 21: © Paul Glendell/Alamy Stock Foto (ölverschmierter Wasservogel), © Ulrich Kattmann (Storch)
S. 22: © Stephen Coburn/Shutterstock.com (Tiger und Wärter), © eldeiv/stock.adobe.com (Delfine), © Durluby/stock.adobe.com (Zirkuselefant), © refresh(PIX)/stock.adobe.com (Kühe), © mojolo/stock.adobe.com (Bienen), © kichigin19/stock.adobe.com (Hausgänse)
S. 23: Illustrationen: Freepik from www.flaticon.com
S. 25: © andreanita/stock.adobe.com (Pinguine), © tawatchai1990/stock.adobe.com (Hühner), © mojolo/stock.adobe.com (Bienen), © PETA Deutschland e.V. (Schimpanse, Tierschutzkampagne)
S. 26: © akg-images/Imagno
S. 27: © Ulrich Kattmann
S. 28: © bubu45 /stock.adobe.com (Asiatischer Elefant, Zoo), © gilitukha/stock.adobe.com (Asiatischer Elefant, frei), © dpa (Ankus)
S. 29: © M. Krofel Wildlife/Alamy Stock Foto
S. 30: © goodluz/stock.adobe.com
S. 31: © Granger Historical Picture Archive/Alamy Stock Foto (Michel de Montaigne), © IanDagnall Computing/Alamy Stock Foto (Charles Darwin)
S. 32: © Liam White/Alamy Stock Foto
S. 34: Quelle: Bundesamt für Naturschutz (BfN), 2018 nach Angaben der Länder, Geobasisdaten: © GeoBasis-DE/BKG 2015
S. 35: © hkuchera/stock.adobe.com
S. 36: © Figur aus der Zinnmanufaktur Wilhelm Schweizer
S. 37: © Auscape International Pty Ltd/Alamy Stock Foto
S. 38: © Pavel Losevsky/stock.adobe.com (Kuh), © 1001color/stock.adobe.com (Hamburger), © happyyuu/stock.adobe.com (Rindfleisch), © Ulrich Kattmann (Hummel)
S. 39: Illustrationen: Freepik from www.flaticon.com
S. 41: © Ulrich Kattmann (Biene), © Dmytro Sukharevskyi/stock.adobe.com (Schlachthof), © Syda Productions/stock.adobe.com (gedeckter Tisch), © Rich Carey/Shutterstock.com (abgeholzter Regenwald)
S. 42: © Countrypixel/stock.adobe.com (Biohaltung), ©rbkelle/stock.adobe.com (Freilandhaltung), ©branex/stock.adobe.com (Bodenhaltung), ©grit.wattanapruek/stock.adobe.com (Käfighaltung)
S. 43: © Karl Allen Lugmayer/stock.adobe.com (Ringelschwanz), ©Peter Maszlen/stock.adobe.com (gekürzter Schwanz)
S. 44: Johner Images/Alamy Stock Foto
S. 57: Illustration: Freepik from www.flaticon.com
Illustrationen Titel: Freepik from www.flaticon.com